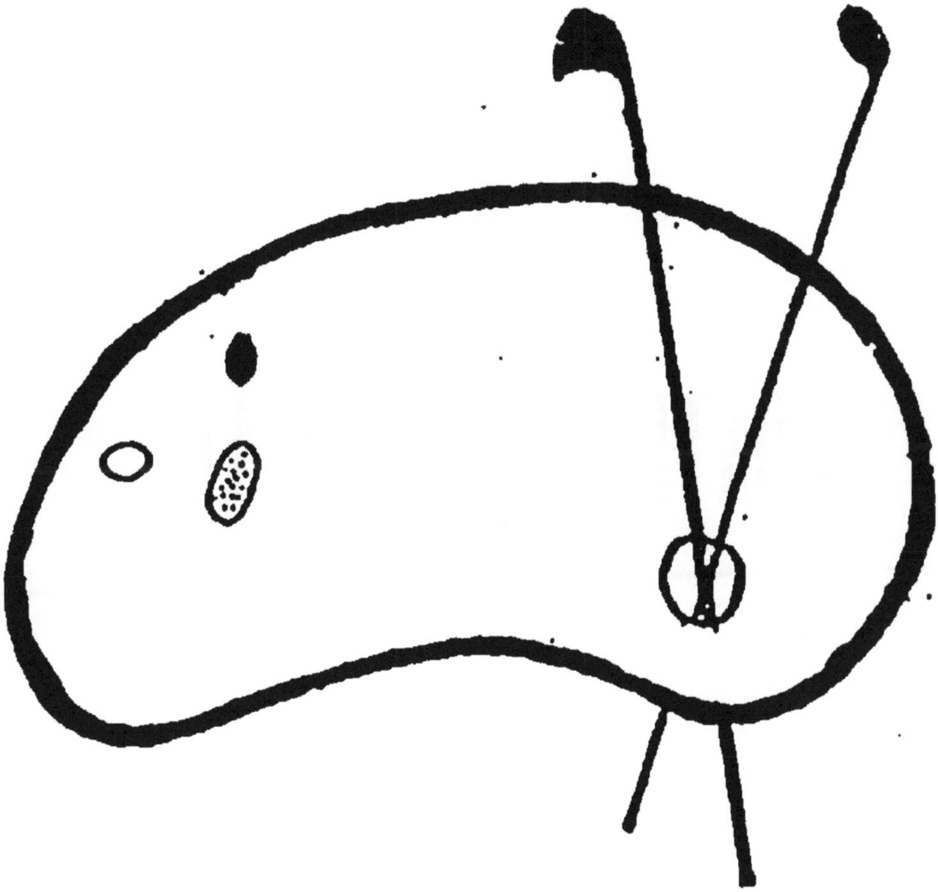

WAVERLEY

LE

CONTRAT NATIONAL

PARIS

LIBRAIRIE LOUIS LE REY

8, rue Monsieur-le-Prince, 8

—

1886

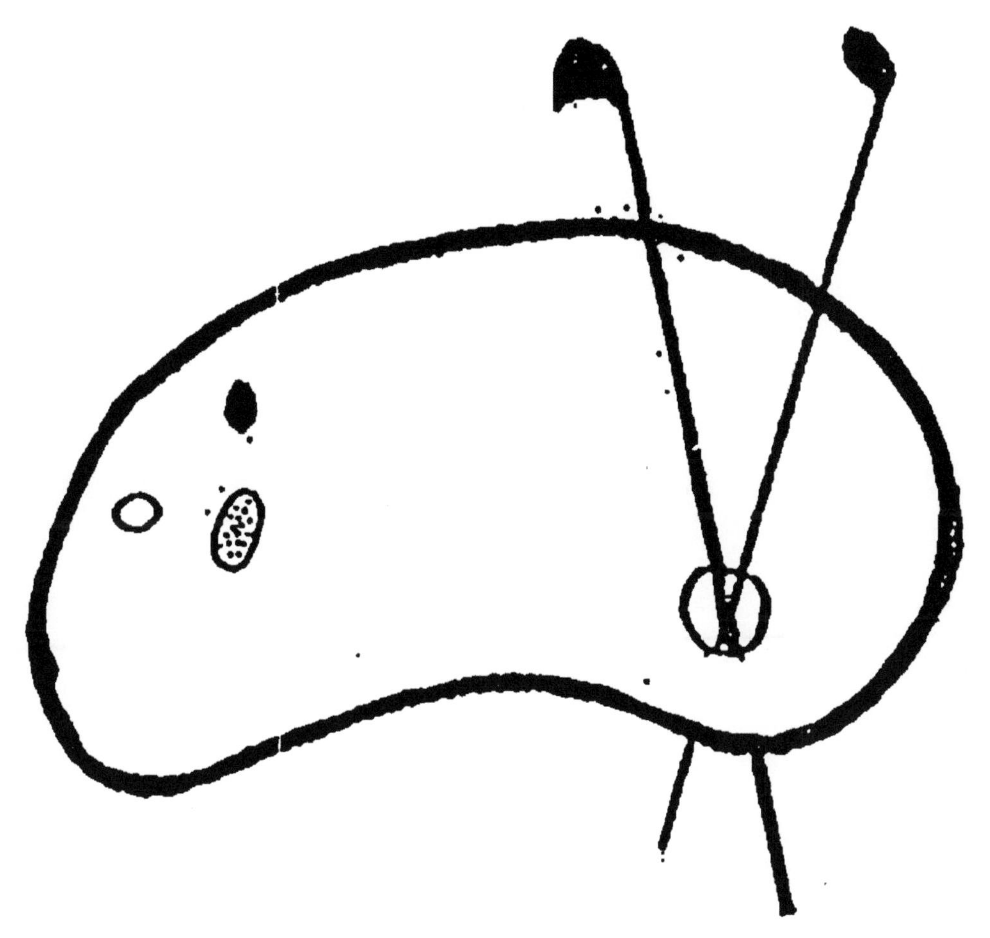

FIN D'UNE SERIE DE DOCUMENTS
EN COULEUR

A LA MÉMOIRE DE :

JEAN-JACQUES BOINGNÈRES

SON PETIT-FILS RECONNAISSANT

WAVERLEY

LE
CONTRAT NATIONAL

OUVRAGES DU MÊME AUTEUR

L'Oraison du ministère, in-8°, 1881.

L'Impôt sur les ouvriers étrangers, in-8°, 1883.

WAVERLEY

LE CONTRAT NATIONAL

ESSAI DE SCIENCE SOCIALE

PARIS

LIBRAIRIE LOUIS LE REY

8, rue Monsieur-le-Prince, 8

1886

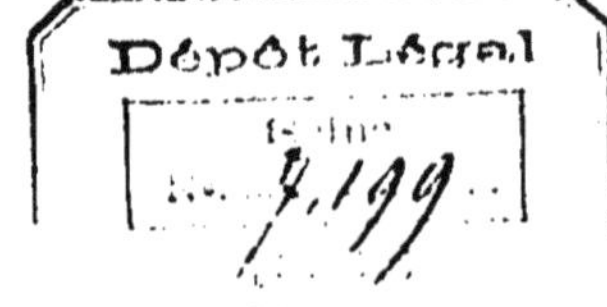

---

(1) Observation bibliographique. Le titre qui a été placé au-dessus du Ch. I aurait dû l'être au-dessus de l'Introduction, car, ainsi placé, il paraît exclure de l'ouvrage l'Introduction, qui en est, au contraire, la partie la plus importante puisqu'elle est essentiellement scientifique.

la couche morphologique *du Christianisme; l'Art gothique; la Réforme. — Son évolution sociale et politique* (pages 1 à 12).

II

De la France. — *Son rôle dans la civilisation. — Voie suivie par son évolution. — Mystification du suffrage* dit universel; *exposition des principes du suffrage; de leur mode d'application. — Détermination de son évolution sociale et politique* (pages 13 à 79).

III

De l'Angleterre. — *Étude du caractère Anglais. — Comparaison des caractères, Anglais et Français; des divergences qu'ils amènent dans l'évolution respective des deux pays; ces divergences se révèlent psychologiquement par une gradation des facultés. — Détermination des courants croisés de la civilisation. — Son évolution sociale et politique* (pages 80 à 95).

IV

Lois d'évolution politique. — *Des causes qui appellent les transformations politiques, économiques et sociales en Europe.*

— Des questions de races. — Assimilation des organismes sociaux aux organismes animaux et végétaux. — Du métissage et de l'hybridation. — Les Révolutions ne sont que des variations désordonnées ; retour au type ; l'évolution ramène les formes fédératives. — Des nouveaux croisements de races et des nouveaux groupements par continents (pages 97 à 122).

PRÉFACE.

> La complication des choses dénonce l'insuffisance des hommes. WAVERLEY.
>
> La conduite des adversaires justifie les moyens. WAVERLEY.

Cet essai de Science sociale devait paraître, il y a deux ans déjà, dans une revue historique; des raisons politiques, relatives à l'esprit du sujet que nous traitons, ne l'ont point permis; nous nous décidons à l'imprimer aujourd'hui, quoiqu'il n'y ait là qu'une partie d'un travail beaucoup plus considérable sur la Science sociale, et nous le donnons tel qu'il devait paraître, à quelques modifications près, convaincu par notre étude même, de l'avantage qu'il y a à procéder, en l'espèce, par divisions méthodiques, surtout lorsqu'on n'est pas entièrement certain d'apporter en toutes les parties la vérité scientifique.

Dès qu'il s'agit, en effet, d'études sociologiques l'obligation d'une division raisonnée s'impose, par la diversité même des sujets auxquels elles s'appliquent, car, la Science sociale n'est, à vrai dire, que la Philosophie de la Science ou plutôt des sciences, en ce sens qu'elle se constituera successivement, au moyen de toutes les méthodes et de tous les principes que les sciences physiques ou naturelles ont tirés de l'étude de la matière organique et inorganique. Ce n'est pas là, une définition ; la définition détermine un but ou un objet, mais c'est la qualification qu'on donnerait à la Science sociale, si celle-ci existait déjà.

Son objet, c'est l'étude de l'homme, à un point de vue que nous expliquons, et, toutes les sciences viendront avec leurs principes et leurs méthodes s'établir sur ce nouveau terrain d'études. Cela implique déjà, entre beaucoup d'autres, les classifications suivantes :

I. Les Lois d'évolution politique,

II. Les Lois d'évolution économique,

III. Le fondement d'une morale scientifique,

IV. La partie naturelle.

Les considérations qui précèdent la revue analytique des trois peuples qui constituent la *couche morphologique* du christianisme, sembleraient étrangères au sujet que nous traitons si on ne considérait que nous ne donnons point ici une introduction à la Science sociale, mais que nous cherchons à construire, à faire le gros œuvre d'un édifice. Herbert Spencer a donné cette introduction, en déterminant les conditions objectives que nécessite le sujet, il a déblayé le sol et apporté les matériaux, mais ce sont là, gros moëllons difficiles à remuer et la construction reste à faire.

Jusqu'à présent, d'ailleurs, les fondations n'ont pu s'établir; elles n'étaient point tracées, le point de départ a été faux. Les considérations préliminaires auxquelles nous nous livrons portent, d'ailleurs, sur tout un ensemble d'études sociologiques et non point seulement sur cet essai qui comporte lui-même bien d'autres développements; et, si certaines affirmations paraissant improbables réclament une explication qu'on ne trouve point, c'est que cette explication constitue à elle seule tout une autre partie de la Science sociale.

Celle-ci ne peut se créer que très lentement; les difficultés qu'elle emporte, exigent une tension d'esprit particulièrement pénible. Il n'y a pas que les conditions objectives énoncées par Herbert Spencer, il est aussi des conditions subjectives et, quoiqu'on n'en ait pas encore eu l'idée, leur réalisation est très absorbante.

Nous avons surtout tenu, avant que d'entreprendre l'analyse spécifique, à montrer l'importance du rôle de l'*évolution* dans tous les phénomènes humains, que leurs formes soient politiques, économiques ou sociales; ensuite ce fait, que toute évolution de la civilisation se ramène à l'évolution du cerveau; enfin, l'obligation qui s'impose d'adapter toutes les formes politiques et sociales aux conditions qui se transforment continuellement.

Dans la partie qui concerne la France, nous nous sommes occupé surtout du système politique, des choses plutôt que des hommes, laissant de côté toute considération sur le temps présent. Nous avons tenu à conserver à cette étude son caractère sérieux, qui serait compromis par des questions, qui n'ont de sérieux que les maux qu'elles révèlent. Nous ne sommes pas tenu dans une préface à la même réserve. Il s'agit de la situation actuelle de la France ; elle peut être ainsi définie :

« La démocratie volée par elle-même. »

Cette situation, d'ailleurs, ne date pas d'hier, elle n'a fait que s'aggraver du jour où le suffrage universel est devenu — c'est le mot — un instrument politique. Comme on ne pouvait l'éviter, on en a fait un moyen d'exploitation ; — nous indiquons par quels procédés et, ce fut à Rousseau qu'on s'adressa pour organiser le guet-apens électoral. Le suffrage venait d'être conquis que sa sophistication était préparée depuis longtemps déjà, car, lorsque Rousseau, recueillant son âme de sergent de ville apporta son *Contrat Social* à la démocratie naissante, ceux qui devaient l'exploiter virent immédiatement le parti qu'on en pouvait tirer. On sacra Roussau grand homme, et on célébra son œuvre, comptant bien qu'on serait longtemps avant d'en pénétrer le sophisme et la perfidie. Les résultats ont même dépassé les prévisions les plus optimistes, mais les temps sont finis. Le système parlementaire ne saurait durer bien longtemps encore.

Les gens qui en vivent, et qu'on appelle *députés*, ne représentent pas plus la France que si leur élection eut été jouée à pile ou face ou bien que si on les eut tirés au sort dans un chapeau, et cela, comme on s'en assurera pas notre analyse, que ce soit numériquement ou moralement, en fait ou en principe. De temps en temps, ces mêmes gens se réunissent et s'en vont célébrer le Génevois Rousseau. Que ces repus lui dressent des autels, si nombreux qu'ils soient et fussent-ils en or, ils ne sauraient représenter ce qu'a coûté de vies et d'argent le gouvernement des Jacobins. Ce que le pays a perdu, et c'est par milliards que les pertes se chiffrent, représente le bilan de leurs fautes, de leur incapacité et de leurs appétits. Depuis trop longtemps nous avons la *bourse des valeurs*, on nous annonce la *bourse du travail;* de tout temps, le parlement n'a été que la *bourse des consciences.*

La plupart de ces soi-disant représentants sont à l'encan, et les ministres, leurs délégués, sont au plus offrant et dernier enchérisseur. Ceux-ci ne se contentent point de puiser à même les caisses de l'Etat, car, il y a longtemps que le budget n'est plus qu'un mythe, mais leur *valeur nominale* est connue de tous les flibustiers de la finance internationale. Il est vraisemblable qu'à bien chercher, on ne trouverait point dans le personnel politique de la troisième République, en *usage* ou de *rechange*, un honnête homme, au sens le plus large de ce mot. Jamais pareil bétail ne s'était trouvé à pareille fête; les palais royaux et impériaux qu'on a faits nationaux pour la circonstance, abritent ces individus qu'aucune carrière n'a pu retenir, qu'aucune profession n'a pu faire vivre. La politique n'est pour eux que le moyen le plus commode et le plus fructueux d'exploiter leurs contemporains.

Quand le suffrage universel fut établi, ce fut en France un cri d'espérance; on crut avoir trouvé la solution de la question sociale; on n'en avait même pas le moyen, non pas de la résoudre, mais de s'en occuper, par la bonne raison que ceux qui devaient en être les élus s'occuperaient de tout, excepté de cela. Le *cens* était aboli, le *droit* de *suffrage* appartenait à tous, on se dit que, pour qu'il fut complet, il fallait que chacun put représenter ses concitoyens, et pour cela qu'un traitement fut affecté aux fonctions de représentant. De la sorte, le peuple pouvait prendre ses représentants où bon lui semblait, les élire riches ou pauvres, et le représentant n'était pas tenté de se vendre ou d'aliéner son temps et son indépendance. Le premier mouvement est toujours sincère en France, les résultats en sont ordinairement déplorables. Qu'est-il arrivé ? Les députés riches ont touché leurs traitements comme les autres, et, la plupart des candidats ne briguent l'élection que pour toucher journellement 25 francs, vivre à Paris, et profiter de tous les avantages attachés à la profession de député.

Le régime parlementaire a été jugé du jour où a été prononcé le mot célèbre d'un ouvrier à un représentant. Le peuple croyait avoir des représentants, il n'a eu que des fonctionnaires de plus à payer. Le traitement est encore le moindre des griefs populaires : ce qui coûte le plus cher en fait de régime parlementaire, c'est l'incapacité et les vices de ses tenants et aboutissants. Le chantage est actuellement comme le symbole de ce joli régime. Si un ministère est renversé, c'est souvent parce qu'il n'a pas mis le prix aux voix qui lui manquaient pour avoir la majorité, et telle interpellation n'a pour but que de faire baisser la Bourse ou de faire *chanter* une compagnie financière. Mais ce sont là faits connus.

Quand pendant la guerre de 1870, nos soldats, pourvus d'une artillerie pitoyable et souvent dépourvus de munitions, luttèrent dans la proportion d'un contre quatre, en des batailles conduites de telle façon qu'on eut put les croire combinées par l'ennemi, un cri courut l'Europe : « Les Français sont des lions, conduits par des ânes. » On peut dire aujourd'hui que cette nation, la plus honnête du monde, est gouvernée par les pires coquins qu'on puisse rassembler en quelque pays que ce soit. La royauté, dite légitime, avait tenu le peuple soigneusement éloigné de toute initiative politique, l'empire en a fait choux et raves, mais nul ne s'est encore moqué de lui et ne le dépouille comme les radicaux qui sont les plus purs des Jacobins.

Où cela nous mènera-t-il? Si cela continue, l'assassinat politique va devenir une nécessité sociale. Jamais le vol social n'a pris de pareilles proportions, jamais les malfaiteurs sociaux ne s'étaient autant multipliés. Ce pays est livré aux banquistes; lorsque le vol atteint certaines hauteurs la justice n'a plus de peines pour les coupables, les ministres traitent avec des directeurs de journaux, véritables chenapans, des « *petits cadavres* » de leur vie politique et privée ; la justice, — si tant est qu'elle existe autrement que par les sommes qu'elle coûte, — voit son action paralysée, et nous en arrivons à cette époque des civilisations au déclin où la justice individuelle devient le seul moyen de contenir les malfaiteurs sociaux. Codifier la justice individuelle, qui, aux temps barbares s'exerçait sans contrôle, telle sera, d'ailleurs, la nouvelle morale sur laquelle, un jour ou l'autre, s'appuiera la justice, et voilà tout ce qu'en deux mille ans la civilisation aura gagné sur la barbarie.

Le régime sous lequel nous vivons n'a pas de nom dans l'histoire. Ce n'est ni la république, ni la monarchie; c'est un régime bâtard, où les hasards de la politique amènent incessamment au pouvoir des bandes de faméliques insatiables, où la loi n'est que le « *bon plaisir* » du premier coquin qui passe au gouvernement; ce n'est ni le peuple, ni la bourgeoisie qui gouverne c'est un ramassis de gens incapables et malhonnêtes, sans dignité et sans principes.

La monarchie, en dehors de ses folies, avait, au moins, cet avantage de protéger le peuple en se protégeant elle-même.

Lorsque les gens de finance, fermiers ou trésoriers, prévariquaient ou saignaient trop la « *gent taillable* et *corvéable* », la justice ne connaissait point de l'importance des coupables, et le vent, qui balançait les cadavres racornis des financiers véreux aux ouvertures du gibet de Montfaucon, agitait comme la sentence aux yeux du passant satisfait. La République des Jacobins n'a pas ces avantages. Aujourd'hui, les maltotiers sont maîtres du pays par le gouvernement, ministres et financiers s'entendent comme larrons en foire et nous sommes ici à la foire d'Empoigne; et, il en sera ainsi, tant qu'un pays qui comprend 52.768.600 hectares et qui contient 30.000.000 d'habitants sera représenté sur un espace de 500 mètres carrés par 600 individus, dont nul ne connait la capacité, ni l'honnêteté.

Mais quand, les gouvernements ne seront plus contrôlés par un demi-quarteron de paltoquets nommés par eux et réunis sous le nom de *Conseil d'État*, et quand les peuples n'appartiendront plus pendant quatre années consécutives, à quelques centaines de flibustiers qui peuvent disposer de leur repos, de leur existence et de leur fortune, les précipiter dans la guerre où leur infliger la banqueroute, sans qu'il soit une intervention qui puisse les soustraire à ce danger permanent, le contrat politique qui unira les diverses races d'une même nation entre elles, le contrat économique qui assurera le fonctionnement de leurs intérêts vitaux et le contrat social qui déterminera les fonctions des classes dans l'économie nationale seront pour chaque nation la sauvegarde de leur sécurité et de leur bien-être.

« *Mettre au service des démocraties les aristocraties qui les ont jusqu'ici opprimées ou qui sont perdues pour elles.* » Tel est le dernier mot du progrès politique.

« *Mettre à la portée du travail, le capital qui jusqu'à présent l'exploite ou est improductif.* » Tel est le dernier mot du progrès économique, nous ne disons pas social.

La *Fédération*, telle sera la forme économique des temps nouveaux.

Le *Fédéralisme*, telle en sera la forme politique, et cela dans l'Europe entière.

Génie du Fédéralisme, palladium de l'indépendance des nations, qui a fait de Vercingétorix le plus grand de nos grands patriotes, qui a produit en Celtibérie Viriathe, et dans l'antique Calédonie Robert Bruce, qui a donné aux États-Unis l'admirable figure du défenseur de Richmond, le général sudiste Robert Lee, c'est sur toi que nous comptons pour rendre à ce pays les forces qui l'ont élevé si haut et pour relever son âme généreuse et bonne. Un édifice nouveau va s'élever qui abritera les nations et auquel chacune d'elles apportera sa pierre; nul ne peut dire ce que sa fondation durera, ni surtout ce qu'elle coûtera, mais nous en connaissons les formes, ce seront les formes celtiques rajeunies; et, à son fronton plus large et plus ouvert, la Velléda gauloise, qui nous est apparue dans l'histoire, sous la douce figure de Jeanne d'Arc et dont Rude a gravé le cri de colère dans le groupe de la *Marseillaise*, inscrira l'immortelle formule de la Révolution française:

Liberté, Égalité, Fraternité,

dont la réalisation sera le but des nouveaux efforts de l'humanité.

INTRODUCTION.

> « Γνῶθι σεαυτόν. » SOCRATE.
>
> « Les mauvais législateurs sont ceux qui favorisent les vices du climat, et les bons sont ceux qui s'y opposent. » MONTESQUIEU.
>
> « La gloire d'un peuple, c'est de faire de grandes choses, en conservant la pureté de son sang, de son individualité, de sa tradition, de son génie. » PROUDHON.

Il faut étudier les hommes de la même façon que la physique étudie les propriétés des corps et que la chimie détermine leur composition.

On peut inférer de là, que tout ce qui traite d'études sociologiques nécessite, pour être compris, autant d'attention qu'en exigent la physique et la chimie. Aussi bien, la science sociale n'est point la philosophie, elle est la science et la première de toutes. La physiologie comparée ne peut rien apprendre de plus au sujet de l'homme, elle démontrera toujours l'analogie des organes et la similitude des fonctions; la philosophie a donné tout ce qu'elle pouvait donner au point de vue des méthodes et des systèmes, mais non point comme science en tant qu'étude des phénomènes humains. Elle a créé les méthodes, mais elle ne donne point les moyens de les pratiquer avec succès, et elle n'indique pas leurs modes d'application; ceux-ci varient suivant les hommes et les époques, selon les qualités inhérentes à ceux qui les emploient, en un mot, selon les diversités du caractère humain.

Nous pouvons en conclure que dans l'étude de ces diversités réside le point de départ de la science sociale. Réduite à sa plus simple expression, elle tient tout entière dans le fameux conseil socratique « *Connais-toi toi-même,* » qu'il faut ainsi compléter : « *Connaissons les autres, comparons et concluons* », en ayant soin toutefois que les conclusions soient corroborées par tous les criteriums nécessaires. Ainsi l'astronomie repose-t-elle entièrement sur ce principe : « Les corps s'attirent entre eux proportionnellement à leurs masses et en raison inverse du carré de leurs distances »; et, si jusqu'à présent les résultats qu'a donnés la Science sociale ont été pour ainsi dire nuls, c'est que les recherches se sont portées de tous les côtés, excepté dans la bonne direction. Que veut dire le mot d'Aristote « L'homme est un animal intelligent » ? cela signifie-t-il que l'intelligence est l'unique faculté de l'homme ? Il faut entendre simplement par là, que les compatriotes d'Aristote étaient plus particulièrement intelligents. Lorsque les Cartésiens prétendent que le point de départ de tout raisonnement concernant l'âme est le

« Je pense, donc je suis », en faut-il conclure que la pensée est la seule raison d'être de l'homme? et, lorsqu'Hobbes nous affirme que l'homme est un animal de combat, peut-on en déduire autre chose, sinon que les luttes pour l'existence sont plus vives en son pays qu'en aucun autre? De même lorsque Franklin proclame que l'homme est « un fabricant d'outils », *a tool making animal*, faut-il croire que nous avons été créés et mis au monde uniquement pour « faire des outils » ou bien que c'est là, la principale occupation des Américains.

Les hommes ne font généralement qu'exprimer ce qu'ils voient autour d'eux ou ce qu'ils ressentent plus particulièrement. Le « *connais-toi toi-même* », lors même qu'il est inconsciemment pratiqué, fait connaître des réalités concrètes, aboutit à l'expression de vérités sociologiques, car, il décèle indistinctement les qualités et les défauts des races; mais si on en fait l'objet d'une étude scientifique, si on l'applique à l'observation des phénomènes humains, il devient le moyen même de la Science sociale. L'étude d'autrui est précieuse, soit qu'on observe directement les hommes, soit qu'on analyse les observations qu'ils font sur eux-mêmes ou sur les autres. Il est remarquable, en effet, que les hommes révèlent généralement leurs qualités et aperçoivent plutôt chez les autres les défauts.

Mais, qu'est-ce qui nous offusque chez les autres? Qu'est-ce qui constitue pour nous, leurs défauts?

Simplement les qualités que nous n'avons pas, celles qui nous *font défaut*. L'esprit du mot indique l'esprit de la chose; (le mot *défaut* dérive du verbe latin *deficere* manquer, faire défaut) l'étymologie prononce au nom de la sagesse des nations, qui renferme souvent la même idée dans les divers sens d'un même mot. Il y a donc, dans la comparaison des opinions respectives des hommes entre elles, qu'elles s'exercent objectivement ou subjectivement, le fondement d'une science, car nous avons vu qu'aux fonctions qui semblent plus particulièrement dévolues à chaque peuple dans l'économie des civilisations correspondent des appréciations différentes sur le rôle utilitaire de l'homme, et des formes diverses de la pensée directrice; comme les *qualités* des uns sont les *défauts* des autres, il suit de là, que l'assemblage de ces défauts et de ces qualités constitue l'ensemble des éléments nécessaires à la civilisation, puisqu'ils représentent les facteurs dont la civilisation est à divers degrés le produit.

On peut déduire de là, deux conséquences importantes : d'abord, cette remarque consolante que la constitution d'une Science sociale, plus qu'aucune religion ne l'a fait jusqu'à présent, décidera probablement les hommes à ne plus s'entredétruire;

ensuite, ce principe fondamental que, si « le cerveau est *un*, les fonctions de l'âme sont en même temps *variées* et *variables.* » *Variées*, comme il résulte de ce qui précède, *variables* puisqu'en somme les civilisations suivent la loi générale de l'évolution. Les *variations* représentent les progrès successifs dont la *filiation* constitue le courant de la civilisation. Celle-ci est donc à la fois, la résultante dans l'espace, et la conséquence dans le temps, des accroissements *multiples* et *multipliés* du cerveau humain. En ces accroissements continus consiste tout bonnement l'immortalité de l'âme, car ces accroissements sont à la fois *quantitatifs* et *qualitatifs. Quantitatifs*, ils relèvent de la matière, en ce sens que le développement du cerveau humain s'opère aux dépens du corps humain; *qualitatifs*, ils relèvent de l'esprit, en ce sens qu'ils condensent l'effort intellectuel des âges précédents. Là se réduit tout le débat entre les matérialistes et les spiritualistes.

De ce qui précède, résultent encore ces deux conséquences : d'abord, que les efforts intellectuels quels qu'ils soient, fussent-ils improductifs, ne sont pas vains; ensuite, que la *sélection* sera dorénavant le *but mobile* qui guidera toutes les tendances des sociétés.

Le résultat immédiat de ces tendances sera de produire des changements considérables dans les morales en cours, ainsi que dans l'ordre social. Il n'y aura plus seulement la morale de l'esthétique, mais l'esthétique elle-même deviendra une morale. Nous verrons de belles âmes dans de beaux corps; l'amour sera la vérité dont le « *mens sana in corpore sano* », cette admirable formule du bonheur antique, sera la réalisation; la science, qui n'est que l'art de réduire aux limites les plus étroites la prévision humaine, prendra dans les unions la place du hasard et de l'argent, la beauté défiera l'argent, et la science ne fera probablement qu'ajouter une valeur physiologique au prestige de la beauté; on pourra de plus, produire artificiellement les grands hommes, dont la rareté naturelle commence à être inquiétante.

C'est l'acheminement vers l'âge d'or des sociétés primitives, auxquelles nous retournons par tant de côtés, y compris la barbarie. Il n'y a rien d'extraordinaire à cela; la civilisation procède dans les sociétés par voie d'accroissement, mais un moment arrive où les accroissements sont nuls; dès cet instant la décroissance commence et elle se produit en raison directe de la décroissance des forces qui ont coopéré à l'accroissement.

Quoique diversement, les sociétés suivent les lois de la chûte des corps. La raison en est simple. La pesanteur est la première des forces terrestres.

Quant à la question de savoir, comment ces accroisements *qualitatifs* et *quantitatifs* se produisent, elle ne saurait être résolue avant que l'on connaisse les lois de la sélection; mais, ce que la philosophie ignore, ce que la physiologie recherche vainement, la Science sociale le donne. Comme le cerveau est *un*, les lois de la sélection morale ne peuvent être que celles de la sélection physique, et nous entendons par là, qu'elles doivent suivre les mêmes principes; mais, comme les fonctions de l'âme sont *diverses* et que ces diversités se manifestent surtout par des différences de races, c'est dans les combinaisons de croisements raisonnés qu'il faut les rechercher, puisqu'en somme, le but que l'on veut atteindre est d'acquérir le plus de qualités possible.

Tout se réduit donc en fait de sélection à ces deux questions. Y a-t-il des qualités morales qui correspondent à des qualités physiques ou qui en proviennent?

Quelles sont, dans une race ou chez un individu donnés, les qualités physiques et morales dominantes?

Si la même race produit en même temps des qualités physiques et morales qui lui sont particulières, la seconde interrogation répond en partie à la première, en tant qu'on aura procédé par induction et que l'analogie elle-même corroborera les faits.

Ces déductions toutefois sont-elles dans l'esprit du

conseil de Socrate, et le point de vue que nous considérons est-il celui où Socrate s'est placé en le donnant? Sa pensée était tout autre. S'il s'en était tenu au conseil, on eut pu croire qu'il indiquait là une méthode d'observation interne applicable à l'étude des phénomènes humains. Il était vraiment le créateur de la Science sociale, il n'en est que l'avant-coureur. Appartenant à une race synthétique et à une époque religieuse, Socrate en apportant le germe de la science sociale, n'y a vu qu'un principe de morale, un moyen de diriger nos facultés vers le bien. Certes cette morale est la vraie; c'est de l'étude de nos qualités et de nos défauts, que doivent résulter à la fois l'amélioration de l'individu et celle des sociétés, celle-ci ne pouvant être que la somme des améliorations individuelles; et, de la connaissance de nous-même, qu'on pourra obtenir la détermination des vocations, qui ne sont que l'adaptation des forces vives de l'individu au bien de la collectivité, puisqu'appliquées à son propre bien elles augmentent son apport dans l'effort social. Mais si le conseil est bon, Socrate ne nous donne point les moyens de le suivre.

On a dit qu'il avait fait descendre la philosophie du ciel sur la terre; il a dégagé, c'est certain, la philosophie qui ne se connaissait point de la religion qui l'absorbait, en appelant les hommes à s'occuper d'eux-mêmes, tandis que jusqu'alors leur attention se perdait dans la définition des attributs panthéistes; mais, s'il a détourné cette attention au profit de la philosophie, en lui assignant l'étude de l'homme qui est son propre objet, il ne lui a point donné une direction scientifique. Tout était confondu, la science, la philosophie et la religion. Toute connaissance nouvelle acquise sur les propriétés naturelles devenait l'attribut d'une divinité quelconque et la science n'était que la chose de la religion. Il sépara la religion de la science et la philosophie de celle-ci; toutefois la philosophie qui n'était avant lui qu'une physique ne devenait avec lui qu'une morale, en descendant du ciel sur la terre elle emmenait la religion. Il étudie l'âme; mais en la considérant comme partie intégrante de l'intelligence divine, comme une délégation de la divinité, il faisait de nos facultés la démonstration des attributs divins, et, de l'homme la cause finale de la divinité. Née en principe, la Science sociale déviait en fait. Néanmoins un grand pas était fait; la personnalité humaine avait pris possession d'elle-même, et la notion d'analyse créée par le panthéisme se développait. Socrate avait eu l'intuition de la méthode, le raisonnement et l'observation n'avaient plus qu'à la perfectionner, à mesure que des idées nouves viendraient éclairer la voie, où il a lancé la curiosité humaine créatrice de toutes les sciences. Ainsi s'opèrent tous les progrès scientifiques ou sociaux.

Les hommes ont vu et observé de tout temps, leur vision a même été supérieure à ce qu'elle est à présent; mais il a fallu les verres grossissants, pour qu'ils pussent pénétrer la composition intime de la matière organique et inorganique et les merveilles de l'optique moderne pour qu'en cette voie la science avançât.

Il en est de même pour l'observation intellectuelle; il faut que de temps en temps, une idée grossissante surgisse, qui intensifie la puissance d'investigation des hommes dans les diverses voies scientifiques. Tantôt c'est l'analyse qui l'apporte et tantôt la synthèse; la connaissance ne se développe qu'avec le perfectionnement des méthodes et la Science sociale ne donnera vraiment des résultats, que lorsque les rôles respectifs de l'induction et de la déduction considérées comme des moyens du cerveau humain en travail de fonctionnement, seront parfaitement connus. Avec la création de la méthode de l'expérience un nouveau progrès est encore fait, mais l'emploi unique de cette méthode ne suffit point à la science sociale et la production de l'idée nécessaire est indépendante de l'existence des méthodes. Tout au plus, celles-ci la facilitent-elle et longtemps les circonstances ne furent pas favorables à la production de cette idée. La condamnation de Socrate n'encouragea personne à entrer en lutte avec les préjugés et, née en germe, la Science sociale qui déviait déjà avec lui s'arrêtait faute de continuateurs. Socrate avait de beaucoup précédé l'intuition de son époque, le « *connais-toi toi-même* » traversa les siècles sans éveiller autrement l'attention des hommes, ni susciter une idée neuve.

La civilisation athénienne disparut, les Romains n'eurent point d'autre philosophie que le stoïcisme, et personne ne pouvait entrevoir à cette époque une connexion quelconque entre le « *rien ne se perd, rien ne se crée* » de Lucrèce et la philosophie. On ne vit qu'une opinion, là où il fallait voir un principe et l'eut-on vu, qu'il ne fut venu à l'esprit de qui que ce soit, que les lois qui régissent la matière pussent être aussi celles qui gouvernent le moral, ni que la méthode de l'expérience fut applicable à l'étude des phénomènes humains. D'ailleurs, elle n'existait point encore pour la science. Il faut que Bacon vienne la donner, et lorsqu'il arriva, les connaissances humaines n'étaient pas plus avancées qu'au temps de Socrate, en ce qui concerne les rapports des phénomènes internes entre eux et avec les phénomènes externes, et quant au rôle de l'observation dans la philosophie. Comme Socrate. Bacon s'occupe de la question, mais tandis que l'un fait dévier la Science sociale l'autre passe à côté, pour des causes, d'ailleurs, exactement inverses. Bacon donne la méthode, mais il ne l'applique pas; se bornant à rester fidèle à l'esprit de particularisme qui la domine, il voit dans la divinité, l'âme et la nature des entités distinctes. De la divinité il ne s'occupe pas, elle est l'objet de la religion; en cela il y a progrès d'époque à époque et Bacon dépasse Socrate; mais, appartenant à une race analytique il regarde comme distincts les phénomènes naturels et les phénomènes humains et considère les effets internes et externes de l'âme comme obéissant à des lois distinctes. Il spécifie même en disant que nous apercevons la nature par un rayon direct, l'âme par un rayon réflexe, et la divinité par un rayon brisé; de la sorte, la divinité nous arrive comme par réfraction.

Les hommes voient de façons diverses, soit que les préjugés obscurcissent leur vue, soit que la race la dirige dans une voie donnée; l'observation scientifique, elle, n'a qu'une méthode, laquelle est identiquement la même pour tous les phénomènes, quels qu'ils soient. Elle aurait été, il y a dix-huit siècles, ce qu'elle est à présent, si les hommes l'avaient connue à cette époque, parce qu'elle est le résultat des progrès du cerveau humain, et parce qu'elle s'élève au-dessus des questions de race, puisqu'elle est reconnue par toutes dès l'instant où toutes l'emploient. Provenant du temps, elle s'impose à l'espace, et elle en dépend à la fois, puisqu'elle relève des progrès qui résultent eux-mêmes des diverses civilisations, et par conséquent du développement des races.

Cela explique pourquoi les idées nécessaires mettent tant de temps à se produire. Les races n'ont que des vues particulières. Locke et Hobbes, pénétrés de la philosophie de Bacon et très pourvus des qualités qui présidaient à l'esprit de sa méthode, s'en tinrent à tous les essais philosophiques précédemment connus. L'un observant les phénomènes qui se passaient autour de lui en tira une morale, et naturellement conclut que, les hommes étant des animaux de combat le droit du plus fort domine. L'autre, pensant avec raison que la première des qualités, en fait d'expérimentation est l'observation, en conclut faussement que toute la méthode se réduisait à l'observation et que la réflexion était l'unique forme de la pensée. Tous deux considèrent les idées, comme dérivant de la sensation, s'attachant à démontrer ce que Bacon insinuait. Ils ne faisaient ainsi qu'exprimer les qualités de leurs races, imitant en cela les Cartésiens, qui faisaient de la pensée l'unique forme intellectuelle, et du raisonnement la seule méthode d'investigation philosophique.

Quant à la Science sociale, elle en était toujours à

son principe fondamental. Socrate avait bien dit « *connais-toi toi-même,* » mais point, « *connaissons les autres* ». Bacon invitait, encore une fois, les hommes à ne point mélanger la philosophie et la religion, et, en fait, ne les mélangeait pas puisqu'il ne s'occupait ni de l'une ni de l'autre; en même temps il apportait la méthode, mais ne s'en servait pas. Socrate conseille sans donner de méthode, Bacon apporte la méthode et n'en conseille pas l'application. De plus, d'une époque à l'autre aucune idée nouvelle n'était venue éclairer les cerveaux. Il n'y avait qu'un mot à dire en l'état des choses, mais il fallait quelqu'un pour le dire.

C'est ainsi que nous arrivons à Darwin.

Comme Bacon, Darwin ne s'occupe que d'études scientifiques et spécialement des phénomènes naturels; comme Hobbes, mais avec plus de succès il a fait de la lutte pour l'existence, le fondement de son système, mais là ou celui-ci ne voyait pour l'homme que le but de l'existence et, en fait de morale concluait immoralement au droit du plus fort, Darwin montrait qu'elle avait directement pour conséquence, la *sélection.* A proprement parler, il n'a pas donné de philosophie. Le système des transformations appartenait déjà à Lamarck; Darwin a jeté dans le monde l'idée plus générale d'évolution. Avant d'indiquer ses conséquences philosophiques, il importe d'expliquer les différences qu'il y a entre ces deux idées; elles s'expliquent par ce fait, que Lamarck et Darwin sont partis de deux points de vue différents, et c'est, comme nous venons de le montrer, aux différences de leurs milieux natals et de leurs races respectives, que sont dues ces divergences. Il faut avant tout considérer dans l'*homme*, l'*animal*.

Lamarck a dit que les changements des milieux amenaient les transformations des êtres en ce sens qu'ils modifiaient les conditions de leur existence et nécessitaient, par là, l'*adaptation* de leurs formes aux nouveaux milieux. Lamarck ne fait donc que considérer le changement des conditions *objectives*, dans lesquelles les êtres se meuvent et il en conclut que les changements de milieux ont pour but les *changements des formes*. Telle est l'idée *scientifique* qui préside au système naturel chez Lamarck. Darwin lui prouve que la *sélection* est la *conséquence* des luttes auxquelles les animaux sont obligés pour vivre et se perpétuer, puisqu'elles ont pour résultats d'éliminer les plus faibles, c'est-à-dire les moins bien constitués. L'obligation d'approprier leurs organes aux luttes amène leurs transformations. Il ne montre point de quelle façon les êtres parvenus à la sélection passent à des formes supérieures, mais il insinue que la chose peut se faire et, il conclut, en somme, aux transformations de l'espèce. *L'enchaînement* des transformations constitue *l'évolution*. On voit par là que Darwin étudie plutôt les conditions *subjectives*, dans lesquelles les êtres se trouvent placés; la transformation de ces conditions amène la transformation des formes. Telle est l'idée *scientifique* qui préside à l'œuvre de Darwin.

Les deux systèmes ont eu leurs défenseurs et leurs contradicteurs, et le débat est toujours incertain. Ces deux grands hommes ont également raison. Darwin et Lamarck ont apporté à l'humanité autant l'un que l'autre, l'un, Darwin, au nom de l'Angleterre et Lamarck pour la France.

Il y a, à la fois, des *changements* de milieux, *causes objectives*, et des *transformations* dues aux causes *subjectives;* les uns et les autres ont leur influence sur les transformations des êtres.

Mais, que les *changements* des milieux soient *brusques* ou *lents*, qu'ils nécessitent le *déplacement* des êtres ou qu'ils amènent leur *adaptation*, ils ne sont que les effets de *causes lentes* et de *forces* agissant d'une *façon continue;* et, si les changements se *produisent* dans l'*espace*, ils se *succèdent* dans le *temps*.

Les *changements* ou *révolutions* résultent de transformations physiques et chimiques, ce sont toujours des faits inévitables; ils représentent les résultats de l'*évolution inorganique*.

C'est ainsi que l'idée d'*évolution* est plus générale que celle des *transformations*.

Les causes de cette évolution sont, d'ailleurs, à connaître.

Il en est de même pour l'évolution organique.

Les transformations des êtres sont incontestables et la *sélection* est bien la conséquence des luttes pour l'existence. Il reste à apprendre comment cette évolution s'opère et, pour cela, il faut connaître les rapports qui relient la sélection aux transformations, en un mot, savoir de quelle façon les transformations se produisent.

Quoi qu'il en soit, les *changements* de *milieux* sont les *résultats* de l'évolution *inorganique* et les *transformations* des êtres sont les *conséquences* de l'évolution *organique*.

Comme les changements de milieux nécessitent tous les autres, comme ils président pour ainsi dire d'*autorité* à tout ce qui se produit dans la nature, ils impliquent les transformations organiques; l'évolution organique dépend donc de l'évolution inorganique, *changements* et *transformations*, *résultats* et *conséquences* sont intimement liés ; les uns, sont plutôt le fait de l'espace et les autres du temps, entités qui ont collaboré partout et toujours à tout ce qui est dans la nature, mais dans des proportions *diverses* et *inégales*.

Toutes les questions d'évolution tiennent dans cette observation. Les nombres constituent les communes et multiples mesures qui constatent ces rapports dans les limites permises à la conception des hommes. L'infini n'est que l'incommensurable ; dans l'espace, c'est la négation du fini et dans le temps, c'est la constatation de l'impuissance de l'horlogerie et de l'insuffisance des calendriers. Les considérations qui précèdent étaient *nécessaires* pour éclairer l'œuvre de Darwin et inculquer cette idée que tout ce qui est dans la nature, bêtes ou choses, relève des lois qui règlent les mouvements du temps et de l'espace. Quels que puissent être les changements politiques, toutes nos libertés s'arrêtent à la loi de la chute des corps ; elles sont contenues dans la formule $\frac{1}{2} gt^2$.

Nous avons dit quelle était l'idée *scientifique* qui avait présidé au système de Darwin ; nous avons indiqué ses rapports avec les idées précédentes et voisines, nous n'avons plus, pour entrer de plain pied dans la Science sociale, qu'à rechercher l'idée *philosophique* qui soit à la fois la *conséquence* de l'évolution philosophique antérieure et la *résultante* de l'idée *scientifique* de Darwin et des considérations qui précèdent.

De Socrate à Bacon, et de Bacon à Darwin une même idée se fait jour à travers les philosophies :

l'homme recherche la *définition* de l'homme et essaie de s'expliquer la *fonction* de l'âme; un même travail l'occupe, la constitution des méthodes, qui permettront de dégager cette définition, du fouillis d'idées qui ont envahi le cerveau humain à l'origine des civilisations.

L'homme s'est lancé comme d'instinct, par intuition, dans la véritable voie, car, cette définition est nécessaire à la Science sociale qui ne peut se constituer avant que de l'avoir. La raison en est simple. Dans les *sciences inductives*, dans lesquelles se rangent les sciences naturelles, la *définition* est à la *fin*, elle est le *but* des recherches, le résultat de l'observation; dans les *sciences déductives*, comme le sont les sciences mathématiques, elle est au *commencement*, elle est le *point de départ* du raisonnement, elle contient toutes les déductions; dans les sciences qui tiennent à la fois des deux méthodes, et, la Science sociale en est le type par excellence, la *définition* doit être au *milieu*.

Comme elle est la science des phénomènes humains il importe de savoir à quel point de vue l'on considère l'homme, de dire l'idée qu'on s'en fait, d'en donner une définition. C'est par l'induction qu'on y parvient, c'est par la déduction qu'on en tirera les conséquences. L'induction a été pénible; tantôt on a réuni ce qu'il fallait séparer, tantôt on a séparé ce qu'il fallait réunir. Nous avons vu que de ces trois idées que, l'homme s'est successivement créées et qu'il a possédées, soit ensemble, soit séparément, la nature, la divinité et l'homme, Socrate a dégagé la première et confondu les deux autres; que, Bacon les a séparées toutes les trois en indiquant pour elles des modes d'observation différents. Avant Socrate on étudie la nature; avec Socrate on étudie l'homme; chez ses successeurs, on étudie la *nature, mais au point de vue de l'homme*. Avec Bacon, nous revenons à l'étude de la nature; enfin, Darwin *étudie l'homme, mais au point de vue de la nature*. L'homme n'est plus la *cause finale* de la divinité, il est la *conséquence* de l'évolution organique antérieure.

Dégagée des discussions relatives au genre et à l'espèce et placée au dessus des suppositions scientifiques prématurées, quelle est l'idée qui ressort de l'œuvre de Darwin?

« *L'homme est un produit naturel.* »

Telle sera dorénavant la définition de l'homme pour la Science sociale. Il n'y a pas là seulement une formidable négation vis-à-vis de toutes les philosophies imprégnées de religion et enseignant l'essence divine de l'homme, il y a surtout une affirmation pleine de promesses pour la science et grosse de conséquences en progrès humains. On peut dire qu'avec Darwin la philosophie descend vraiment du ciel sur la terre et qu'elle en descend cette fois entièrement séparée de la religion. S'il est scientifiquement prouvé, en effet, que l'homme a pour plus proches parents le gorille, l'aphorisme biblique qui veut que « Dieu ait créé l'homme à son image » devient outrageusement inconvenant.

Mais si la philosophie descend du ciel, c'est pour être pratique. La Science sociale a mieux à faire qu'à bouleverser les croyances et à blesser les convictions ; ce sont là jeux de politiciens parlementaires. Les croyants sont invités à croire comme auparavant et telles sont les conséquences immédiates qu'on peut déduire de cette nouvelle définition de l'homme.

L'homme étant le produit d'une évolution, se transforme lui-même ; et comme il est l'élément irréductible de toutes les sociétés il en résulte que toutes les formes politiques et sociales dont il relève, dans le temps et dans l'espace, doivent suivre l'évolution de l'individu. L'étude de cette évolution rentre dans l'objet de la science sociale, à qui reviendra ainsi cet autre rôle de paix d'éviter les changements ou révolutions, qui ne sont des ruptures violentes de formes incompatibles avec l'évolution des idées. Cette conséquence directe de la définition précédente de l'homme peut se traduire ainsi : « *L'homme étant un produit naturel doit obéir à des lois naturelles dans toutes ses manifestations individuelles et collectives.* » De ce principe résultent d'autres conséquences; s'il signifie qu'il faut étudier dans l'homme l'animal avant tout, il ne dit point qu'il ne faut connaître que des transformations organiques. Il y a dans l'homme autre chose que l'animal. L'homme n'a pas que des instincts et des besoins, il a des idées et des passions. On sait que les instincts et les besoins se transforment comme les organes qui les pourvoient, comme les milieux dont ils dépendent et, de la même façon que les formes matérielles se transforment, les idées se modifient. Si certains organes deviennent rudimentaires et peuvent disparaître, certaines idées, d'abord très vivaces, s'atténuent et s'en vont pour ne plus reparaître dans le cerveau humain ; d'autres les remplacent. Aussi bien les formes de la pensée suivent les mêmes lois que les idées; celles-ci se comportent vis-à-vis de celles-là de la même façon que les instincts vis-à-vis des organes. Il n'en saurait être autrement car les idées peuvent-elles être autre chose que les résultats du fonctionnement des formes intellectuelles, dont l'ensemble constitue l'âme. Si le cerveau est un, nous avons vu que les formes de la pensée sont diverses et si les idées sont le produit du cerveau, il faut bien admettre que du moment où elles se transforment leurs formes génératrices se modifient aussi. Celles-ci ne peuvent point disparaître, puisque, lorsqu'une idée disparaît, elle est remplacée par une autre, mais, elles s'accroissent et elles décroissent, dans le temps et dans l'espace. L'idée nouvelle n'est que le résultat des progrès réalisés par les formes. Telle forme se développe là, où telle autre s'affaiblit; telle forme s'accroît, tandis que telle autre décroît. Ainsi s'opère l'accroissement du cerveau humain, sous l'égide de l'espace et du temps; c'est à l'observation et à l'analyse qu'il appartient de déterminer ces augmentations et ces diminutions, ces accroissements et ces décroissances, et c'est l'objet de la Science sociale d'en rechercher la raison et d'en expliquer le mécanisme.

Ces considérations qui relèvent de la psychologie pure et paraissent n'avoir aucun rapport avec le sujet que nous traitons étaient nécessaires, pour rendre saisissable le rapport qui existe entre l'accroissement et la décroissance de *certaines idées* et *certains états* du cerveau, et pour montrer l'influence de l'*évolution* dans le mécanisme de la pensée.

Nous avons montré que l'évolution consistait en un enchaînement de changements ou en une suite de transformations; les déductions qu'on peut tirer de la nouvelle définition de l'homme, considéré dans ses rapports avec les formes politiques et sociales et leurs transformations peuvent seules montrer à quel point cette idée d'évolution est féconde. Si « *rien ne se perd et rien ne se crée* », c'est que « tout *se transforme* et que tout *s'accroît* » et, pour que cela soit, il faut « que tout *se succède* et que tout *s'enchaîne* ». La transformation des formes politiques et sociales se rattache à l'évolution des idées qui relèvent elles-mêmes de l'évolution du cerveau humain. Celle-ci tient à des causes multiples et complexes qui ne sont point faciles à déterminer, car l'observation doit s'étendre à des périodes de temps très longues; elle nécessite de plus des observations psychologiques pleines de difficultés, car, le « *connais-toi toi-même* » est l'unique moyen qui puisse les donner, et autant l'analyse a donné de magnifiques résultats dans les sciences physiques et naturelles, c'est-à-dire dans le domaine des faits contingents, autant elle est restée stérile dans le domaine moral. Rien n'est décevant comme l'observation de soi-même, tant il est difficile de se dégager de son propre mouvement, et de se débarrasser des préjugés qu'on porte en soi.

Il n'y a pas de plus grands obstacles que les préjugés au développement scientifique. C'est ce qu'a montré Herbert Spencer, en dénonçant dans ses « Principes de sociologie », les préjugés issus des idées de religion, de castes, de classe, et de race. C'est grâce à ces préjugés que Socrate paya de sa vie une doctrine des plus morales, mais considérée comme attentatoire aux lois de l'État. L'État de son temps, comme de nos jours, c'étaient ceux qui avaient intérêt à ce qu'elle ne se propageât point.

Ici se présente une objection dont la réfutation expliquera mieux qu'aucune démonstration ne pourrait le faire, à quel point de vue la Science sociale s'occupe de l'homme. En admettant, dira-t-on, qu'il se trouve un esprit suffisamment dégagé des préjugés pour entreprendre cette étude de lui-même et la mener à bien, quel intérêt celle-ci pourra-t-elle avoir pour le commun des hommes. Il n'y aura qu'une analyse personnelle, là où il faudrait une multitude d'observations dans des conditions analogues, tentative irréalisable! et il faudrait résoudre ensuite des questions de statistique *a priori* insolubles. C'est une exclamation de Rousseau qui nous fournira l'argument propre à réfuter cette objection. Cet être, tourmenté par l'orgueil, exhalait un jour cette plainte caractéristique : « La nature marâtre ne s'occupe que des espèces; elle néglige les individus. » La nature ne s'occupait pas de Rousseau! S'il en était ainsi, il serait par trop regrettable que la France n'ait pas imité la nature. Mais il n'en est rien. Tout le monde s'est occupé de Rousseau. La société lui a donné un nom, l'église lui en a donné un autre, la science a classé sa folie, la France a lu le *contrat social*, les faibles d'esprit l'ont admiré et les coquins l'ont exploité. Quant à la nature elle s'est particulièrement occupée de lui; si la Science a classé sa folie, c'est elle qui l'en a gratifié; elle a fait de lui un produit du sol *génevois* et un contemporain du XVIIIe siècle, tandis qu'elle eut pu le produire au XIVe, et nous donner ainsi, un produit moins frelaté.

L'objection précédente est donc spécieuse, si l'on se reporte à la définition que nous avons donnée de l'homme; car, dire que l'homme ne peut s'occuper de lui-même ce serait inverser la phrase de Rousseau, ce serait prétendre que l'homme ne peut pas s'occuper de la nature. La phrase de Rousseau n'est pas plus vraie debout que renversée; ce Génevois nous a toujours trompés, même en se trompant. L'homme doit s'étudier lui-même en tant que produit naturel, qu'être collectif, en tant que facteur d'un produit qui est l'espèce, elle-même produit naturel. La Science sociale ne considère dans l'homme, que l'être qui a subi les transformations subies par la société elle-même dans le passé, à lui transmises par ses ascendants, et qui participe aux transformations qui modifient la société elle-même à son insu. Ces considérations nous conduisent à énoncer le principe suivant : « *L'homme est, à tout instant de son existence, le représentant de l'espèce qui a influé sur lui le plus directement.* » L'espèce est représentée chez l'homme par les *nationalités* ou par *les races*. Les *classes* représentent plutôt les fonctions économiques ou sociales ou mieux encore leurs formes; elles sont appelées comme les races à se modifier et à disparaître.

Mais dira-t-on sur quelles bases repose ce principe? Il a la même autorité que la définition de l'espèce sur laquelle, il est vrai, on ne peut encore s'entendre, mais, qui, telle qu'elle est, suffit amplement à le justifier, puisqu'elle n'est, en somme, que la constatation des faits; elle suffit, d'ailleurs, à notre sujet. Si l'espèce est représentée chez l'homme par les nationalités ou par les races, selon le point de vue auquel on se place, elle est constituée pour lui, comme pour les animaux, par des caractères, qui une fois acquis, se transmettent par voie de descendance. Certes, ces caractères ne durent point éternellement, puisque tout se transforme, mais ils existent dans le temps et dans l'espace et ils sont transmutables. Certains d'entre eux se conservent très longtemps et peuvent être appelés permanents, les autres se modifient plus tôt, suivant en cela les lois générales d'évolution. Ce sont ces caractères qui *spécifient* les individus et permettent de les reconnaître où qu'ils se trouvent.

Si ce principe n'était pas admis il faudrait reconnaître

que chaque individu est livré au hasard, suit sa loi particulière et dès lors l'idée d'espèce, née de l'observation de l'homme, n'aurait même pu éclore dans le cerveau humain. L'humanité ne remonte point, elle descend, les caractères fixés par elle sont donc définitivement acquis et l'induction une fois établie permet des déductions certaines. Le paléontologie de l'histoire se trouve dans la biologie et bien des erreurs ne survivront pas à la constitution d'une Science sociale.

Ainsi, dire que l'individu représente l'espèce, c'est dire que dans une nation, par exemple, il est des caractères permanents, qui affectent chacun de ses membres.

Ce principe n'apparait-il point en toute sa rigueur dans les exemples suivants:

Strabon parle, en ces termes, de nos ancêtres les Gaulois: « *Faciles à s'émouvoir ils s'indignent contre l'injustice et prennent le parti de leurs voisins opprimés.* »

Peut-on s'inscrire en faux aujourd'hui contre ce jugement qui date de près de deux mille ans? N'est-ce point là le caractère du même peuple, qui a affranchi la Grèce avec le Général Maison, délivré l'Italie à Solférino, et, mettait, pour un peu, le feu à l'Europe, en 1848, par ses manifestations en faveur de la Pologne.

Dion Cassius, nous traite de « *race légère et hardie.* » L. 17. c. 6.

« La nation gauloise, a écrit Caton l'ancien, aime passionnément deux choses, bien combattre et finement parler. » C'est à cette même race que Proudhon reproche son idéalisme, et le XVIIIe siècle, le siècle français par excellence, n'est-il pas le plus spiritualiste de notre histoire?

Les différences dans le caractère des races se sont-elles conservées parallèlement à la vie des nations? Voici ce que dit Horace, comparant Gaulois et Germains: « *Les uns et les autres sont braves au combat, mais, les Gaulois se battent avec loyauté; les ruses et les embuches sont les ressources chères aux Germains.* »

Ce témoignage se retrouve dans Velleius Paterculus, qui écrit ceci des Germains, « *natum mendacio genus,* » *race née pour le mensonge.* Horace et Velleius sont, il nous semble, suffisamment antérieurs à la guerre de 1870, pour mériter quelque créance.

Ainsi donc, les caractères qui ont motivé de pareilles observations ont persisté; ils ont un caractère permanent, et on peut dire qu'ils se reproduiront constamment dans la vie d'un peuple et particulièrement aux époques critiques ou passionnelles. Il faut donc admettre que pour les nations, comme pour les individus, il y a hérédité de qualités morales, *vices* ou *vertus*. Celles-ci doivent être considérées, d'ailleurs, comme la résultante de forces agissant depuis des siècles et qui continuent à agir.

Quelles sont ces forces? C'est le sol qui forme la race, c'est à l'influence combinée de la race et du sol qu'on doit le génie d'un peuple. Quelles sont les qualités qui proviennent de l'une ou de l'autre?

Le sol exerce une influence prépondérante, quelles que soient les variations du climat, d'ailleurs fort lentes, mais la race peut, durant les siècles, subir des modifications ou plutôt des transformations. Ces transformations doivent obéir à des lois, et notre but est précisément de rechercher les lois d'évolution pour notre pays. Le législateur serait ainsi fort allégé, et nous nous trouverions nous-mêmes moins encombrés de législateurs, ce qui serait un très-heureux résultat.

Montesquieu s'était parfaitement rendu compte de l'influence de la latitude, sur la confection des lois, car, ce sont les mœurs qui font les lois, et celles-ci varient suivant les méridiens. « *Les mauvais législateurs, dit-il, sont ceux qui favorisent les vices du climat et les bons sont ceux qui s'y opposent.* »

Du moment qu'on ne peut supprimer ces vices, le conseil est bon, mais le système préconisé est mauvais, en ce sens qu'on ne peut faire obstacle à des causes naturelles, mais qu'on peut seulement les diriger dans le sens du bien. Cette solution est celle de la liberté, et par conséquent c'est la vraie.

L'analogie et la simultanéité de certains événements, peuvent encore fournir de précieuses indications et guider l'esprit dans le dédale des faits sociaux, à la recherche de la généralisation.

Ce seul fait, par exemple, que la Réforme est contemporaine de la Renaissance, ne suffit-il pas à mettre en relief la continuelle opposition du génie germanique et du génie latin, opposition toute morale avec Luther, mais aussi violente, quoique moins brutale qu'au temps d'Alaric. Les croassements germaniques de Luther, selon l'énergique expression de Chateaubriand, impatientaient le Médicis au milieu des arts, sous le beau ciel de l'Italie, mais tandis que Léon X donnait au siècle son nom, Luther, génie du Nord, raide et froid, lui imposait sa puissance.

Que conclure de là? La différence de ces manifestations prouve, d'abord, l'influence du climat et du sol. « A l'abri de petites chaines calcaires, inégales, ramifiées, abondantes en sources qui coupent l'Italie et la Grèce, dans ces charmants vallons, riches de tous les produits de la nature vivante, dit Cuvier, germent la philosophie et les arts. » L'excès du froid diminue l'activité de la nature, dit M. de Laveleye, et, par conséquent, augmente, par la nécessité même, celle de l'homme. La *Liberté*, ce puissant mobile de l'activité humaine, est plutôt un fruit des régions du Nord, tandis que l'*Égalité* caractérise plutôt les races du Midi. D'autre part, la simultanéité signalée plus haut, montre que l'action est égale à la réaction, si on les considère l'une et l'autre, comme les résultantes d'un agrégat de forces agissant pendant de longs siècles. Nous en pouvons conclure que cet équilibre est nécessaire à toute civilisation. La *Liberté* et l'*Égalité* ne sauraient s'exclure sans dommages.

Avant de passer aux causes héréditaires et fatales, sur l'évolution de la race, il nous faut encore insister sur l'influence du sol, car nous pourrons être amenés à nous demander, non pas seulement dans quelle proportion ces influences agissent respectivement, mais encore, si quelque rapport ne les lie pas. « Nos départements granitiques, dit Cuvier, produisent sur tous les usages de la vie humaine d'autres effets que les calcaires. On ne se logera, on ne se nourrira, le peuple ne pensera jamais en Limousin ou en Basse-Bretagne, comme en Champagne ou en Normandie. »

Telle est l'opinion de l'auteur des *Révolutions du globe*, quant à l'influence du sol sur la race. Que d'observation elle témoigne, et comment Cuvier a-t-il pu repousser l'idée de l'influence des causes lentes dans les transformations naturelles, pour adopter celles des révolutions? C'est qu'il est lui-même le produit d'une race révolutionnaire, qui ne voit dans les changements, qu'une solution à tous ses maux. Produit d'une évolution spécifique, il sert lui-même de négation à sa propre théorie; mais, reprenons sa phrase :

Par quels meilleurs exemples pouvons-nous la corroborer, que par les grands hommes de notre pays? Voici ce qu'un étranger pense de Voltaire : « Voltaire, a dit Gœthe, avait été destiné, par sa nature, à offrir le plus parfait modèle de toutes les qualités qui caractérisent et honorent sa nation, et, *chargé de représenter la France à l'univers.* » Or, Voltaire est un enfant de Paris, de cette ville qui est, à la fois, le cœur et le cerveau de la France, qui résume à elle seule son génie, puisqu'elle s'est formée lentement à travers les siècles, de toutes les ressources fournies par la nation; elle est notre centre de gravité politique et social. Bâtie sur le sol crayeux qui forme et continue le plateau de la Champagne, elle a donné, comme une mère à son enfant, au plus illustre de ses fils, le lait de ses coteaux, et l'esprit de Voltaire pétille comme ce vin, qui tire du sol de la Champagne sa force et son renom.

Le vin de Bordeaux a formé le goût judicieux de Montaigne et de Montesquieu et, nous devons au vin de Bourgogne, fort et généreux, le génie de Proudhon.

Le vin est le sang de la France, et il transmet à ses enfants les qualités mêmes du sol natal.

Mais, ces qualités sont diverses et il importe que rien ne vienne annihiler ou amoindrir leur action dans l'économie de la vie nationale. Ainsi le commandent la liberté et la division du travail, ce principe si profitable à l'activité humaine sous toutes ses formes, et qu'il convient d'appliquer à la politique, par cette raison supérieure, que la nature trace ici même la voie au législateur.

Au système Jacobin, qui veut niveler les races et annihiler les coutumes, nous voulons opposer la concurrence dans la Liberté et supprimer un monopole politique, qui n'est que l'exploitation bien entendue de toutes les races ayant formé successivement l'agglomération nationale. Nous rentrerons ainsi dans la vérité du sage conseil de Montesquieu.

A cette pensée, qui nous fait regarder les grands hommes, comme la caractéristique d'une race, reflétant les qualités du sol, s'en rattache une autre, la simultanéité de leurs apparitions.

Pourquoi Montesquieu n'est-il pas contemporain de Rabelais ou de Louis XI? Quelle raison supérieure pourrait nous expliquer la singulière coïncidence, qui fait de l'œuvre de Montesquieu, de Rousseau et de Voltaire, la trilogie où l'histoire constate les revendications immédiates de la Révolution.

Certains hommes semblent arriver tout à point, pour diriger certains événements, ou du moins pour les amener; ils se présentent comme à une heure convenue. Les idées qu'ils émettent trouvent dès lors un terrain tout préparé, en sorte qu'entre cette poussée morale et l'effet produit, nous sommes amené à nous demander, si ce sont les hommes qui créent les idées ou si des causes à déterminer ne ramènent pas dans les cerveaux, à certains moments certaines idées, avec la sélection nécessaire pour les exprimer.

Milton et Cromwell sont contemporains; ainsi Diderot et Danton. Les chants du premier ont armé le bras du second, et l'âme ardente de Diderot ne vibre-t-elle pas dans la furieuse éloquence de Danton? Milton et Diderot rappellent ces oiseaux qui chantent, annonçant l'orage, et dans l'humanité, comme dans la nature, les orages ont leurs causes et leur raison. « *Ex nihilo nihil, in nihilum nil posse reverti,* » dit Lucrèce.

En affirmant que rien ne se perd et rien ne se crée, cet ancêtre de Darwin formule un principe capital et Condorcet le complète, en disant « qu'il faut déterminer les destinées futures de l'espèce humaine d'après les résultats de son histoire. » Les révolutions sont le produit de causes lentes, dont nul n'aperçoit les effets continus. Il y a des gens pour qui la France finit en 89 et d'autres pour qui elle commence à cette époque. Leur mauvaise foi ou leur erreur est profonde; ce n'est là que le plus important phénomène d'une longue évolution. « Il y a eu dans l'existence des sociétés humaines, dit M. F. de Coulanges, un assez grand nombre de révolutions dont le souvenir ne nous est fourni par aucun document. Les écrivains ne les ont pas remarquées parce qu'elles s'accomplissaient lentement, d'une manière insensible, sans luttes visibles; révolutions profondes et cachées qui remuaient le fond de la société humaine sans qu'il en parut rien à la surface, et qui restaient inaperçues des générations mêmes qui y travaillaient. L'histoire ne peut les saisir que fort longtemps après qu'elles sont achevées, lorsqu'en comparant deux époques de la vie d'un peuple elle constate entre elles de si grandes différences qu'il devient évident que, dans l'intervalle qui les sépare, une grande révolution s'est accomplie. »

Mais, rien ne se perd et rien ne se crée, et, en vertu du principe d'identité cité plus haut, les caractères permanents de la race fourniront des points de repère aussi exacts que possible.

Si, de la simultanéité de l'apparition des grands hommes, considérés comme les hérault de la pensée nationale, nous rapprochons l'analogie des faits historiques, produits dans des circonstances identiques, nous pourrons déterminer un nombre de points de repère suffisant pour déterminer l'évolution.

Que prouvent nos révolutions depuis quatre-vingts ans, sinon que nous sommes dans un état d'équilibre instable? Cela tient évidemment à ce que le gouvernement est en opposition continue avec les aspirations nationales. Il nous faut rechercher le pourquoi de ce fait. Les mêmes causes qui ont amené la Révolution française, lui ont donc survécu, et cette persistance prouve que celle-ci n'a pas donné ce qu'elle devait donner.

Les révolutions doivent donc être considérées, en vertu de ce que nous avons dit des hommes et des faits, comme des explosions du génie national à l'étroit dans des formes vieillies; ces époques critiques élèvent le patriotisme à la hauteur d'une religion, remarque importante, car, on peut conclure qu'elles mettent ainsi à jour, les formes irréductibles de la constitution naturelle du pays.

Dans le cours de sa glorieuse et souvent douloureuse histoire, la France a connu deux traités particulièrement pénibles : le traité de Brétigny, signé en 1360, qui livrait à l'Angleterre l'Aunis, le Poitou, Calais, Boulogne, presque un quart du pays à l'ouest;

et, le traité de Francfort qui, en 1871, livrait à l'Allemagne, Metz et Strasbourg, l'Alsace et la Lorraine, à l'est. Or, ces deux traités furent respectivement accompagnés des deux plus formidables insurrections communales, que l'histoire du pays ait encore enregistrées, celle d'Etienne Marcel et celle du 18 mars.

On connait la situation qui amena la seconde, et voici deux aperçus d'historiens différents, et bien éloignés, sur l'époque de la première :

« Ainsi était le royaume de France, de tous côtés pillé et dérobé, ni on ne savait de quelle part chevaucher qu'on ne fut jeté à terre. » (Froissart, t. III, p. 375).

« Les provinces et les villes, dit Lavallée, abandonnées à elle-mêmes, ne songèrent qu'à leur propre salut, sans s'inquiéter de l'intérêt général. Jamais la royauté ne s'était moins mêlée du gouvernement du pays. »

Le rapprochement de ces deux événements prouve donc que l'identité des situations a produit les mêmes effets et que ces effets ont été similaires; aux deux époques, il a fallu réduire une expansion de patriotisme pour pouvoir traiter, et abandonnés par ceux-là mêmes qui devaient le protéger, le peuple est retourné instinctivement aux formes qu'il considérait comme pouvant le sauver. Ces formes, il ne les a pas imaginées ; il en a conservé le culte à l'état latent.

N'est-ce pas du mouvement des communes qu'est née la Révolution française, fille du tiers-état? Et, qui peut mesurer aujourd'hui la distance qui la sépare de son origine?

La commune, telle est la cellule médullaire de l'organisme national, et la réunion des communes groupées sur le sol par races, voilà les grandes divisions répondant à la vérité historique, économique et physiologique.

Nous expliquerons, d'ailleurs, les causes qui ont fait dévier la Révolution, et nous prouverons la nécessité de rentrer dans sa voie naturelle, lorsque nous rechercherons les lois de l'évolution française.

« Un peuple ne meurt pas, » dit Proudhon, paraphrasant politiquement le vers de Lucrèce, mais il peut disparaître, et il faut distinguer, si tel événement de la vie d'un peuple marque l'étape d'une évolution, ou porte en lui les prodromes d'une dissolution.

C'est pourquoi, une analyse sévère de ces différentes étapes s'impose absolument et, comme « rien ne se perd et rien ne se crée », pas plus dans le domaine moral, que dans l'ordre physique, elle donnera des résultats, car, la discipline qui a façonné, chez les peuples l'éducation du cerveau, comme les causes, qui l'ont modifiée, ramènent incessamment des états antérieurs de la société.

Quels sont ces états et pourquoi reviennent-ils? Tels sont les termes d'un problème d'évolution qu'il importe de résoudre.

Les faits, comme nous l'avons montré, prouvent que lorsque la discipline tombe en désuétude, elle est remplacée par des formes ayant un caractère permanent. Les révolutions ne sont que des ruptures de discipline et elles n'arrivent, selon nous, que parce que cette discipline ne satisfait plus, n'a jamais satisfait le caractère national.

Elles sont, d'ailleurs, la condition même du progrès humain. L'axiome, *Rien ne se perd, rien ne se crée*, a pour corollaire immédiat celui-ci, « *tout se transforme* et *tout s'accroît.* » Si la discipline est la condition nécessaire de toute civilisation, les causes qui la modifient, constituent les éléments mêmes de sa conservation, ou plutôt de sa marche, dans le temps et dans l'espace, sans quoi elle s'arrêterait. C'est à ce point de vue, qu'il faut considérer les révolutions, car, il explique en même temps que l'évolution des peuples, la fin de leur rôle en tant que fauteurs de civilisation.

Parvenus aux termes de leur évolution, ils entrent dans la morphologie de l'histoire, à moins que des courants physiques ou migrations ne leur infusent, avec un sang nouveau, des idées nouvelles, et encore ne font-ils que suivre le mouvement, qui, depuis longtemps déjà, n'est plus chez eux.

La discipline, qui a formé chez eux l'éducation du cerveau, a fini par épuiser ou atrophier son énergie. Les révolutions sont amenées par des idées qui ont envahi peu à peu le plus grand nombre des cerveaux, — *condition nécessaire* — mais encore faut-il que ces idées naissent. La discipline est le moyen des aristocraties ; la révolution est le fait des démocraties. *Aristocratie* et *démocratie*, voilà le *flux* et le *reflux* de la civilisation, et, ses deux courants bien déterminés.

L'une agit, comme élément d'*organisation*, de *création;* l'autre, comme élément de *destruction*, de *variabilité.* Telle période de la vie d'un peuple est aristocratique, relativement à telle autre qui est démocratique.

Le passage de l'une à l'autre est, ce que nous appellerons le *point* de *variabilité.*

Les révolutions constituent les étapes successives qui nous permettront de le fixer.

Tel peuple également est aristocratique, comparé à tel autre qui est démocratique. Tous deux sont, à degrés égaux, les éléments constitutifs de la civilisation. Un peuple précipite le terme de son évolution, en s'abandonnant trop aux volontés d'une aristocratie, il ne peut briser le moule de la discipline; et cet autre se dissout par trop de démocratie. La civilisation abandonne ces ruines.

« Tout pouvoir, dit Chateaubriand, renversé non par le hasard, mais par le temps, par un changement graduellement opéré dans les conditions ou dans les idées ne se rétablit plus. » Voilà l'œuvre de la démocratie et il se peut faire qu'aucun pouvoir ne lui succède; c'est la dissolution.

D'autre part, l'aristocratie peut étouffer tout germe de vie chez un peuple.

Quiconque parlerait de la démocratie aux nègres du Dahomey, ou aux sujets du Shah de Perse, ne serait pas compris.

L'évolution du cerveau n'a pas commencé chez les premiers, parce que la civilisation ne les a pas encore pénétrés, et chez les autres elle est finie. C'est ainsi qu'il y a eu une civilisation persane bien antérieure à la nôtre; elle a disparu et nous a été transmise par ceux qui avant nous l'avaient acquise. Comme le pense Proudhon un peuple ne meurt pas; alors même qu'il disparaîtrait, la civilisation qu'il a vécue renaîtrait dans les couches morphologiques futures.

Comme nous, les animaux se transmettent leurs caractères spécifiques, mais ceux-ci sont relativement invariables; confinées dans des instincts et bornées à des habitudes, ces *transmissions* ne franchissent pas les limites de l'espèce. L'humanité est cette espèce animale qui est affranchie de la régulation des saisons, qui modifie ses habitudes et se crée des besoins, qui *croise* toutes ses espèces ou races en *reproduisant* et en *connaissant* de ces croisements. Les animaux ne reproduisent pas *d'espèces à espèces*, ils n'acquièrent pas de besoins par eux-mêmes et n'imitent point, c'est-à-dire, qu'ils ne progressent pas subjectivement, en un mot ils n'ont point de civilisation.

Aussi peut-on concevoir raisonnablement la civilisation comme représentant le dogme de l'immortalité de l'âme, tant au point de vue collectif qu'individuel, -- car, les deux s'identifient, comme nous l'avons démontré. — L'immortalité de l'âme devient ainsi une réalité essentiellement concrète, remplaçant un mythe qui a eu son moment d'utilité, puisqu'il a relevé l'âme humaine végétant dans la bestialité, mais qui ne satisfait plus la pensée moderne.

C'est la morale qui va recueillir ce que les religions perdront, pour le plus grand profit de l'humanité. Le progrès collectif, nous ne saurons trop le répéter, ne provient que de la somme des progrès individuels.

Le progrès individuel, tel est donc le but de tout l'effort social ; et, l'idée si précieuse de l'immortalité de l'âme, qu'on nous a présentée jusqu'à présent, comme une sanction de la vie passée dans la vie future, et qui constituait ainsi un des meilleurs éléments de la paix sociale, mais un élément négatif, deviendra, à ce point de vue, l'élément le plus actif de la morale pratique.

Ce n'est point dans je ne sais quel Eden, fantaisie de poète ou mystification de prêtre, que l'homme trouvera la récompense de ses efforts vers le bien, ni dans l'un des nombreux cercles de l'enfer, décrit par le Dante, qu'il trouvera le châtiment réservé aux malfaisants de la collectivité sociale, c'est dans sa descendance même. Au point de vue de la reproduction, l'homme a intérêt à augmenter ses qualités morales, c'est-à-dire à faire le bien. Si cette philosophie naturelle venait à triompher, le besoin de reproduction et l'attachement naturel qui lie l'agnation à la descendance, guidés et secondés par cette faculté de la prévision inhérente à l'espèce humaine, constitueraient des agents de prosélytisme plus puissants que toutes les religions connues.

La discipline imposée par la société, qui prend aujourd'hui, pour le plus grand nombre, le caractère d'un asservissement, se transformera en une discipline consentie, car l'homme qui s'y soumettra léguera à ses descendants la plus inaliénable des propriétés, celle des qualités acquises ou conquises.

« Né vicieux, dit Socrate, je me suis rendu meilleur. »

La fortune ou le hasard ne décideront plus des unions, mais bien la sélection, et l'intérêt lui-même, se changeant en morale, poussera l'homme à faire appel de ses passions simoniaques et de sentiments passagers, à sa raison mieux informée. L'intérêt privé ne saurait différer de l'intérêt social; l'égoïsme et l'altruisme, en se faisant la guerre, créent un état d'anarchie morale.

L'Université, secte religieuse, trouve encore, pour flétrir la morale de l'intérêt des accents indignés auxquels les piteux traitements de ses professeurs patentés communiquent parfois comme un ton de véracité convaincant. Il n'y a qu'un malheur, c'est qu'elle a toujours gouverné le monde, et qu'elle continue à le gouverner de plus en plus. Il n'y a qu'un moyen d'en finir avec elle, c'est de mettre la morale d'accord avec l'intérêt, qui dirige 99 0/0 des actions humaines. Voilà la tâche de la philosophie naturelle, non point celle de l'Université, mais celle qui procède, comme l'a fait Darwin, de l'observation.

Et pour en revenir à l'immortalité de l'âme, nous la considérons comme un agent de transmission, comme un courant civilisateur. Que prouve la parenté philologique? sinon la parenté des races et la transmission des idées par succession et voie d'accroissement; car le mot est-il autre chose que le véhicule de l'idée? Les discussions stériles des spiritualistes et des naturalistes nous font pitié; c'est toujours la scolastique et la foi dans Aristote, et les uns et les autres feraient massacrer volontiers une partie de l'humanité, pour le besoin de ranger l'autre dans l'un ou l'autre camp. Ces frères ennemis feraient bien mieux d'observer.

Matérialisme et spiritualisme constituent à égal titre deux religions. L'immortalité de l'âme est absolue, mais les matérialistes se complaisent à la nier, nous ne savons pourquoi, et les spiritualistes, imbus de théologie, la voient, sans peine, s'égarer dans des sphères extra-terrestres. L'imagination est leur moindre défaut.

Pythagore, né malin, et, pénétré sans doute de la même idée que Lucrèce, pour ne pas tout perdre, dans l'âme humaine, ce meilleur de nous-mêmes, confiait cette immortalité aux animaux. Elle ne mérite :

« Ni cet excès d'honneur, ni cette indignité. »

Pythagore, frappé comme Darwin sans doute, par certaines analogies, a noyé ses observations dans beaucoup d'imagination, et prenait ainsi la route toute opposée à celle du naturaliste.

La philosophie grecque, essentiellement religieuse, l'empêchait de voir autrement, absolument comme celle des déistes, voltairiens ou non, fait considérer l'âme humaine comme une dépêche télégraphique à l'adresse de la divinité ou un invisible cerf-volant.

Ils ne s'aperçoivent même pas que leur système n'est point conforme à l'idée qu'ils se font de la divinité. L'apostrophe de Geoffroy de Saint-Hilaire à Cuvier, tournant le dos à la vérité, pour complaire à Napoléon, les touche directement : « Est-ce que le Créateur *va recommencer* l'œuvre des six jours? » criait l'évolutioniste à l'auteur des *Révolutions du globe*. Ce serait pourtant sa tâche obligatoire, tâche à recommencer à chaque nouveau bouleversement, sous peine de voir disparaître son œuvre à tout jamais. Est-ce que chaque fois *qu'une* civilisation disparait, *la* civilisation s'arrête et reprend à la barbarie? Il est certain qu'elle continue et qu'elle est la conséquence dans le temps de tous les progrès accomplis dans l'espace, lesquels progrès s'intègrent successivement dans le cerveau humain. De la même façon, et, dans l'ordre moral, ce que la nature refusait à Rousseau de son vivant, lui serait accordé après sa mort; il faudrait une intervention pour régler l'apparition et la disparition de l'auteur du *Contrat social*, et pour caser quelque part ce génie frelaté. Cette intervention qui ne se produit, ni dans le cours des transformations du monde, ni dans celui des événements humains se produirait dans l'intérêt d'un seul individu. L'âme serait inférieure à la matière, qui se transforme toute seule et se renouvelle incessamment. C'est inadmissible.

« Il faut classer sans hésiter le grand homme avec tous les autres phénomènes de la société qui lui a donné naissance, parmi les produits des états antérieurs de cette société, dit Spencer. Il n'est qu'une résultante et non une cause, — car si vous supposez qu'un Newton puisse naître d'une famille hottentote, vous réussirez alors à expliquer le progrès social comme amené par les actions du grand homme. Mais si toute la science biologique finit par vous convaincre qu'il est impossible qu'un Aristote provienne d'un père et d'une mère dont l'angle facial mesure cinquante degrés, et, qu'il n'y a pas la moindre chance de voir surgir un Beethoven dans une tribu de cannibales, vous êtes forcé d'admettre que la genèse du grand homme dépend des longues séries d'influence complexes qui ont produit la race au milieu de laquelle il apparait, et l'état social auquel cette race est lentement parvenue. S'il est vrai que le grand homme peut modifier sa nation dans sa structure et dans ses actions, il est vrai aussi qu'avant son apparition il y a eu forcément des modifications antérieures qui ont constitué le progrès national. Avant qu'il puisse refaire sa société il faut que sa société l'ait fait lui-même. »

L'explication n'est-elle pas plus naturelle? Faut-il

voir dans le génie un présent de la divinité à l'individu, et dans l'individu un présent de la divinité aux peuples plutôt qu'une résultante des qualités de la race et qu'un produit naturel de l'évolution intellectuelle des générations précédentes? Et, cette évolution qu'intègre-t-elle, si ce n'est l'immortalité de l'âme, la survivance de l'esprit par les accroissements du cerveau humain?

Que pouvons-nous encore conclure de là? ceci : qu'un pays doit bien se garder de confier son sort à de prétendus génies étrangers. Ils n'ont ni le patriotisme, ni les qualités nécessaires pour comprendre et diriger les aspirations nationales. Entendons enfin, ce cri du patriotisme humilié de Proudhon: « Le génie de la France, qu'en faisons-nous? c'est nous-mêmes qui le trahissons les premiers. Nous avons produit Calvin et nous l'avons abandonné. Nous avons produit Descartes, et il est allé en Suède. Nous avons produit Saint-Cyran, Pascal, Port-Royal, réformateurs, et nous les avons détruits. Nous n'avons pas produit le Contrat Social, et le Jacobinisme nous empoisonne. Nous n'avons pas produit Law et Law a été adoré plus que Turgot qui est des nôtres. Voltaire a passé plus de quarante ans hors de France, à Cyrey, à Londres, aux Délices. Nous avons produit Richelieu et il nous a fait peur. » Proudhon aurait pu ajouter à cette liste, les Mazarin, les Broglie, les Necker, les Bonaparte et, s'il l'avait connu, le juif Génois, Gambetta, autant d'empoisonneurs du génie national.

Gardons-nous de l'invasion, qu'elle vienne par en haut ou par en bas, et méditons ces paroles de l'évêque Synésius, aux Gallo-Romains, avant l'invasion des barbares : « La garde de la patrie et des lois appartient à ceux qui ont intérêt à les défendre. — Les barbares sont tout..... ; qu'on les éloigne de partout. Que les magistratures leur soient fermées... »

Les barbares sont les étrangers à la race et c'est eux qu'il faut exclure. Chaque peuple jouant dans le cours de la civilisation un rôle précis et déterminé, nous terminons par ce mot de Proudhon, qui est comme la morale de cet essai : « La gloire d'un peuple, c'est de faire de grandes choses, en conservant la pureté de son sang, de son individualité, de sa tradition, de son génie. » Tâchons qu'il en soit ainsi. Trois peuples, dans la couche morphologique du christianisme, ont constitué les éléments principaux de la civilisation.

Parti du plateau de Pamir, dès que l'espèce humaine apparut sur les sommets indiens, les premiers découverts par les eaux, ce gulf-stream du progrès humain est venu jusqu'à nous, suivant le roulement des peuples et transmettant d'âge en âge l'héritage successif des races disparues ou plutôt transformées.

Les civilisations ont aussi leurs lois d'atavisme et leurs éléments constitutifs, se reproduisent et s'accroissent en suivant les lois mêmes du développement humain. La marche du courant a lieu du Midi au Nord, mais dans les couches morphologiques, le mouvement se produit de l'Est à l'Ouest. Les peuples, comme les plantes, vont vers la lumière. Nous commencerons donc par l'Allemagne.

LE

CONTRAT NATIONAL

I

L'Allemand rêve, médite et combat.

« L'Allemagne est le pays du génie et des songes, dit Chateaubriand : plus les abstractions des esprits brumeux sont inintelligibles, plus elles excitent d'enthousiasme. » L'enthousiasme allemand, très exubérant par nature, n'a jamais reçu une explication plus probante. Il est soigneusement entretenu, d'ailleurs, par une philosophie que Voltaire, croyons-nous, définit ainsi : « Quand quelqu'un qui ne comprend pas quelque chose l'explique à un autre qui ne le comprend pas non plus, c'est de la philosophie allemande. »

Depuis Luther, l'Allemand rumine toujours la Bible, elle l'affole, et les in-folios qu'elle a inspirés suffiraient seuls à faire marcher un an durant une bonne partie des chemins de fer prussiens. La musique vient heureusement tempérer, chez l'Allemand, ce désordre intellectuel.

Le vacarme dissonant de sa langue, qui assourdit sa pensée, explique, d'ailleurs, l'art national d'outre-Rhin ; désespérant de l'exprimer de façon à la rendre compréhensible, l'Allemand s'est jeté dans l'harmonie et a cherché des consolations dans la contrebasse et le basson. « C'est un Allemand, disait Voltaire ; je lui souhaite plus d'esprit et moins de consonnes. » La musique n'a pas donné plus d'esprit à l'Allemand, elle n'est pas faite pour cela, bien au contraire, mais elle a influé sur son génie.

Qu'est-ce que l'*Einseitigkeit* allemand, c'est-à-dire le besoin de tout considérer sous deux faces, ou le point de vue objectif ou subjectif, sinon la clef de *sol* et la clef de *fa*. Les légendes agrémentées de bémols et de dièzes, les Lieder ou rêveries, voilà la passion et la gloire de l'Allemagne.

Mais à ce métier on n'engraisse pas. Aussi l'Allemand sent-il de temps en temps le besoin d'aller se promener chez les autres. Fatigué de pommes de terre, ivre de bière, emballé par le vertigo de la musique et gueulant le « *Wacht am Rhein* » il se rue aux conquêtes. Celles-ci, toutefois, ne sauraient être durables, car il n'a pas de tenue et on n'a rien de plus pressé, quand on le possède, que de s'en débarrasser.

L'Allemand combat poussé par le besoin. « Les mêmes causes, disait Tacite, entraîneront toujours les Germains vers les Gaules. La cupidité, l'avarice, le besoin de changer de lieux ; ils quitteront leurs marais et leurs solitudes pour s'emparer de ce sol fertile. » Tacite, *Hist.* L. IV, ch. 73.

Tacite ajoute encore, après des éloges, que *tout le monde savait* que les Germains aimaient mieux vivre de rapines que de cultiver la terre, et qu'après avoir pillé leurs voisins ils retournaient chez eux manger et dormir. « C'est, dit Voltaire, la vie des voleurs de grands chemins que nous punissons de la roue et de la corde ; et voilà ce que Tacite a le front de louer ! »

César, dans ses *Commentaires*, dit ceci : « Ils ne regardent pas comme un crime et une honte le brigandage hors des limites du territoire qui leur appartient. »

Ainsi l'Allemand combat cherchant dans la guerre la satisfaction de ses appétits brutaux. Aucune conviction ne saurait l'entrainer. On sait que tandis que dans l'armée française, par exemple, les officiers marchent au feu à la tête de leurs troupes, dans l'armée allemande, ils sont, au contraire, derrière le rang, soutenant leurs hommes du revolver. Le soldat allemand a ainsi le désagrément très grand d'être constamment pris entre deux feux. Toujours la clef de *sol* et la clef de *fa;* il y a des fatalités auxquelles on n'échappe pas.

L'héroïsme, a-t-on dit, est l'imagination dans l'ordre militaire ; or, l'imagination ne procède pas du besoin, grand pourvoyeur du métier militaire en Allemagne. Quand l'Allemand ne peut plus piller pour son compte il devient mercenaire. Dans la guerre des Gaules, César avait déjà à sa solde des Germains. C'est à eux qu'il dut la victoire dans les plaines de la Saône, et grâce à eux qu'il put venir à bout de la résistance d'Alésia. Pendant toute la durée des guerres de religion en Europe, les reitres allemands furent au service de qui les payait et, jusqu'à la Révolution, il y eut en France des régiments allemands.

Aujourd'hui encore l'armée allemande n'est que la synthèse de ces bandes, qui se formaient, bien avant notre ère, sous la conduite d'un chef, dans le but de faire de profitables expéditions.

Le Prussien n'est que le Vandale arrivé !

Les Allemands ne veulent pas reconnaître qu'ils sont des barbares ; cette résistance leur nuit. M. de Bismark en profite pour les gruger, sous prétexte de gloire et continue à faire peser sur eux la plus lourde des tyrannies. Leur gloire leur coûte cher puisqu'ils la paient de leur liberté et encore, si elle est indiscutable en fait et pour eux, est-elle très discutable moralement et pour leurs voisins. Si les Allemands voient dans M. de Bismark une sorte de Napoléon, un homme destiné à assurer perpétuellement la suprématie de l'Allemagne, nous continuerons à ne voir chez eux que les corsaires de l'Europe, et le Germain pillard, car, les causes qui ont amené la lutte des deux races, si clairement indiquées par César et Tacite, président toujours à l'entretien de l'armée allemande.

Moins habile que le diplomate à dissimuler sa pensée, le soldat, son collaborateur, a laissé passer le bout de l'oreille allemande. Dans la séance du 24 avril 1884 au Reichstag, comme on discutait une augmentation du chiffre des pensions militaires, devant une chambre en majeure partie hostile, M. de Molke, pour enlever le vote et l'argent, fit cet aveu, dépouillé d'artifice, « *que l'armée allemande avait rapporté cinq milliards à l'Allemagne* » *et le crédit fut voté ;* un argument de cette sorte trouvera toujours les Allemands sans défense. Mais, n'est-ce point là une théorie toute barbare, que les armées sont faites non point pour défendre un pays, mais pour l'enrichir.

Quant à l'Alsace-Lorraine, l'Allemagne se trompe en la considérant comme appartenant à la famille germanique. Une raison supérieure l'a rendue à jamais française; elle a combattu avec nous le grand combat de la Révolution. C'est de Strasbourg qu'est partie la *Marseillaise*, c'est à Sarrelouis qu'est né le *brave des braves*, Ney, et l'Allemagne ressent encore les coups que lui ont portés les nombreux généraux donnés à la France par cette terre guerrière.

Quant le soir de Valmy, Gœthe disait au bivac : « *En ce jour et en ce lieu, commence une nouvelle ère pour l'histoire du monde,* » l'Allemagne reconnaissait ainsi, par la voix de son plus grand poète, qu'il y avait entre elle et nous quelque chose de supérieur à une lutte de peuple à peuple. Cette lutte-là s'était terminée à Rosbach, entre Louis XV et Frédéric, et si la Prusse a connu Iéna, c'est parce que son Brunswik ridicule parlait de rétablir le roi ou de brûler Paris, au moment même où éclatait le plus formidable mouvement qui ait encore ébranlé le vieux monde. Il a fallu deux siècles à l'Allemagne pour faire triompher la liberté philosophique, le libre examen; le peuple de la Réforme a armé le bras de Walleinsten et de Gustave-Adolphe et le traité de Westphalie a proclamé le grand principe dû au génie allemand.

Mais le livre ouvert à la fin du dernier siècle, par

la *Déclaration des droits*, n'est pas encore fermé; la lutte continuera entre les dernières formes de l'absolutisme représentées actuellement par l'Allemagne et la souveraineté des peuples proclamées par la France, jusqu'à ce que la liberté politique soit définitivement fondée en Europe par le triomphe de la République. On connait la superbe réponse de la Constituante au défi de Brunswik : « Allez leur dire que nous porterons chez eux, non le fer et la flamme, mais la liberté. » Ce jour-là, l'Alsace-Lorraine sera libre, car elle appartient, non pas à la Réforme, mais à la Révolution.

Si dans le caractère allemand il y a toujours un fond de déprédation et de pillage, il faut reconnaître aussi un sentiment puissant de la liberté, auquel nous devons la première libération de l'esprit humain dans les temps modernes, *la Réforme*, et la première émancipation de l'art, l'art gothique. C'est du sein même de la barbarie que ce sentiment s'est fait jour, et toujours, en vertu de l'*Einseitigkeit*.

Quand une bande de Germains se formait, c'était toujours sous l'influence du besoin et dans un but de pillage, ainsi que nous l'avons montré. Mais ce but comportait une direction d'abord, puis, s'il était atteint, une répartition du butin. Pour assurer l'une et ménager son intérêt dans l'autre, l'Allemand confiait cette direction à un chef élu, (c'est en frappant sur leurs framées et par acclamations que cette élection avait lieu chez les Francs), dont l'autorité cessait aussitôt l'expédition terminée, c'est-à-dire, quand il fallait répartir le butin, ce qui n'avait pas toujours lieu sans querelle, car toute autorité devenait en cet instant de l'usurpation. L'expression « *querelle d'Allemand* » n'est pas un vain mot et date de loin. Le sort décidait seul des parts du butin, mais souvent l'Allemand rapace ne se résignait pas et aidait à la fortune. Quoi qu'il en soit, de cet état de choses résultait ceci, que la bande, tribu ou nation, *existait* avant le chef, c'est-à-dire que l'autorité du chef ressortait du consentement même de la nation et cessait avec lui. A l'absolutisme romain proclamant que « tout ce qui a plu au prince est la loi, le génie germanique opposait « ce qui a plu à la nation est la loi. » Lorsque Clovis reçut le baptême, la plupart de ses compagnons l'abandonnèrent, car c'était pour eux l'investiture de la royauté.

Alaric et Genseric, qui ravagèrent la Rome catholique, étaient ariens et l'arianisme est la première incarnation de la Réforme.

La monarchie, par excellence, est française; elle est née de l'accouplement de la barbarie franque et de l'absolutisme romain. Remarque très importante dont nous verrons les conséquences en nous occupant de l'évolution française. L'Allemagne n'a fait que suivre, depuis, le mouvement élaboré par Clovis, continué par Louis XI, et achevé par Richelieu, obligée qu'elle était par les nécessités mêmes de la lutte pour l'existence, d'en venir à la centralisation, et, comme pour nous, le moment viendra pour elle de se débarrasser de la royauté.

Des lois générales président à la vie des nations, et expliquent la formation et la disparition des formes politiques. Là, aussi, *natura non facit saltum*, et aucune nation ne peut doubler, ni franchir les étapes. L'Allemagne a le génie philosophique, mais le génie politique appartient à la France, et, dans cet ordre d'idées, le monde moderne est tributaire de notre pays. Voilà 200 ans que le gouvernement constitutionnel est connu, et nulle part, hormis chez nous, ce gouvernement n'a de principes arrêtés. « Les Français, dit Proudhon, ont fait de suite la théorie de ce gouvernement et cette théorie est la seule philosophique. » La division du travail existe naturellement dans l'élaboration du progrès humain, elle se traduit historiquement par la destinée des nations. Cette étude n'a qu'un but, c'est de le démontrer, et c'est dans les profondeurs mêmes de la préhistoire qu'il faut chercher la raison de ce fait considérable. Il faut à l'idée le temps matériel de pénétrer les cerveaux ; la compréhension n'est pas le fort de l'Allemand, mais, de même que par la monarchie il a conquis son unité, il finira par comprendre la Révolution française.

Sa part, dans l'effort de l'affranchissement humain, est d'ailleurs très grande, et, *l'art gothique*, qui est encore une protestation contre l'absolutisme romain et, jusque dans la pierre une affirmation de la liberté, et *la Réforme* sont des produits immédiats du génie allemand.

Qu'est-ce que l'art gothique ? la Réforme dans l'art. Cependant l'ogive date du XIIIe siècle et la Réforme du XVe. L'Allemagne a construit des temples à la foi nouvelle avant de la formuler, tant il est vrai que réforme et art gothique ne sont que deux faces d'une même idée. Ce contretemps historique, est, d'ailleurs, bien allemand; il a d'abord traduit sa pensée dans la pierre, et n'a pu l'exprimer qu'après. Consultons les architectes.

« Son principe (le gothique), dit M. Vitet, est dans l'émancipation, dans la liberté, dans l'esprit d'association et de commune, dans des sentiments tout indigènes et tout nationaux. L'autre (le roman), au contraire, est exotique et sacerdotale, elle naît du dogme et non du sol, de la foi et non des mœurs, elle règne par droit de conquête ecclésiastique, elle n'a d'autres principes que l'Église et les canons. »

« L'architecture ogivale, dit M. Vaudoyer, caractérise l'époque romantique du christianisme, c'est un art qui tend à se soustraire à l'autorité tyrannique de l'Église pour s'abandonner au sentiment. Le plein cintre, c'est la forme déterminée et invariable; l'ogive, c'est la forme libre, indéfinie et qui se prête à des modifications sans limites. »

M. Vaudoyer se demande ensuite quelle pouvait bien être l'origine de l'ogive et il se refuse à l'attribuer à la science. Recourons à l'*Einseitigkeit*.

L'arc de plein cintre roman se présentant toujours dans sa forme simple et peu libérale écrasait et offusquait le génie allemand. Sa tête carrée ne peut s'accommoder de ce qui est rond. En entrant et en sortant d'une église romane, l'arcade de plein cintre présente toujours son invariable demi cercle, mais si on considère cette même arcade de petite dimension et de peu d'épaisseur, à droite et à gauche de son axe (l'*Einseitigkeit*), la perspective fait voir de chaque côté une véritable ogive, dont l'angle augmente lorsqu'on se rapproche et diminue lorsqu'on s'éloigne. A force de tourner autour d'elle, l'Allemand avait fini par satisfaire sa pensée inquiète. Le plein cintre n'allait plus l'offusquer; la courbe, née de l'éternel demi cercle et de la double observation chère au génie allemand, ne pouvait être que la vérité architecturale. L'Allemand, un demi-mécréant, sans doute, qui, perdu dans sa rêverie, fit cette découverte, en laissant errer ses regards autour de lui plutôt que d'écouter le prêche, ne se connut plus de joie, et cette exultation se communiquant à ses compatriotes leur fit couvrir l'Allemagne d'églises gothiques. L'art doit à cette explosion d'enthousiasme de magnifiques monuments. Grâce à l'ogive, les travées gagnèrent en hauteur, et, les flèches des cathédrales s'élevèrent toujours plus élancées vers le ciel, comme deux bras énormes, pour porter plus haut les prières d'une humanité lamentable. Singulière destinée du génie allemand ! Double dans son essence, ses manifestations sont d'origines absolument contraires.

La Réforme est une inconséquence que notre pays, avec sa logique ordinaire, devait repousser; il était réservé à l'Allemagne de faire d'une pensée de doute une religion. L'Allemagne possède en même temps le doute et la foi.

Au point de vue historique la Réforme est la première négation de l'esprit moderne; au point de vue religieux, de même que l'art gothique pour le roman, c'est la variabilité du christianisme qui, comme toute chose durable, portait en lui-même sa propre transformation.

Saint Paul et Saint Augustin sont deux apôtres, mais tout le catholicisme tient dans le mot de Saint Augustin : « *Credo quia absurdum.* » « Je crois sans comprendre. » Tandis que Saint Paul a donné la formule même du protestantisme, en disant : « *Rationabile sit obsequium vestrum.* » « Que votre obéissance (*à la foi*) soit raisonnée. » Saint Augustin proclamait le dogme de l'infaillibilité du pape que Saint Paul avait déjà créé Luther. Le cerveau allemand n'a pu briser le moule religieux ; son génie tout essoufflé n'a pu aller plus loin.

La Réforme a dit à l'homme :

« *Tu ne croiras pas quand même.* »

à l'Allemagne le premier pas dans la voie de l'affranchissement humain.

Elle eut son contre-coup tout politique en France, et une influence très grande partout, car, selon le mot de Voltaire : « *Ce n'est qu'après Luther que les séculiers ont dogmatisé.* »

La Réforme fut, d'ailleurs, toute aristocratique en Allemagne ; le peuple fournit l'idée, et la noblesse le bras. « Martin Luther, dit Chateaubriand, créateur d'une religion de princes et de gentilshommes était fils d'un paysan. » Il le fallait pour qu'elle triomphât. La religion gagna le peuple, car l'idée venait de lui, et les nobles, parce qu'ils en profitèrent. C'est à ceux-ci, d'ailleurs, que Luther s'adressa ; le titre de son mémoire portait : « *à la noblesse d'Allemagne sur l'amélioration de la chrétienté.* » C'est pour eux seulement que la Réforme eut un caractère social; les paysans de la Souabe, qui voulaient y voir plus qu'une réforme religieuse, les anabaptistes de Munster, déchaînés par la parole de Luther, furent écrasés avec l'approbation du réformateur et les nobles se partagèrent les biens du clergé. Alors même qu'elle eut satisfait leur sens logique, son caractère aristocratique devait la faire repousser par les Français.

La dualité du génie allemand est absolue. A la fois religieux et sceptique, il est analytique et synthétique en philosophie, il est féodal et démocratique organiquement, va du césarisme au socialisme en politique, et, sous ce dernier vocable, l'évolution se dessine simultanément anarchiste et collectiviste.

S'il nous fallait la représenter graphiquement, nous le ferions par une hyperbole. L'*Einseitigkeit* ne mourra qu'avec l'Allemagne.

Les Allemands sont un peuple de migration.

Le sentiment social dominant est la fraternité.

Passons à la France.

II

Le Français pense, raisonne et se bat.

Sa langue, merveilleux instrument de sa pensée, claire comme son ciel et son vin, traduit ce que l'*Intelligence* a produit de plus parfait dans les temps modernes. « Je pense, donc je suis, » a dit Descartes. Si la musique est allemande, la littérature et l'éloquence sont surtout françaises.

L'esprit de révolte partant de la terre de Gaule tient en éveil le monde entier et le progrès voulut-il s'arrêter que la France lui dirait : Marche ! Elle a versé son sang avec profusion pour la liberté des deux mondes, en Amérique avec Rochambeau et Lafayette, et depuis plus de mille ans, sur tous les champs de bataille de l'Europe avec une incomparable pléiade de généraux et de soldats.

Son sens logique lui a fait repousser la Réforme. Son génie, fait de septicisme et de clarté, fuit le rêve et reste indifférent en matière de religion.

Quand les Romains persécutèrent les druides, premiers prêtres de la Gaule, les Gaulois, qui avaient défendu leur indépendance avec une si farouche énergie, abandonnèrent leurs prêtres à la vindicte romaine. Leurs dieux firent place à ceux de Rome ou furent même accouplés avec eux, et cette indifférence et cet éclectisme se retrouvèrent unis quand survint le christianisme. La religion nouvelle, leur apportait, avec la civilisation romaine, des principes qui satisfaisaient leur conscience démocratique et elle s'imposa à eux comme le symbole même du progrès. La religion, chez eux, cédait le pas à la civilisation. Très rapidement, d'ailleurs, celle-ci se conforma au génie tout politique de la race, et les fureurs de la Ligue, les massacres de la Saint-Barthélemy et les Dragonnades sont dus surtout à des causes politiques. Richelieu est célèbre comme ministre et non comme cardinal; et Henri IV, le plus Français de nos rois, sacrifia sa religion à la possession du pouvoir.

La désinvolture même qu'il y mit prouve à quel point la religion, à un dogme près, le gênait peu.

On connait la boutade qui servit de prétexte à sa conversion. Le roi faisant faire devant lui une conférence entre les docteurs de l'une et l'autre Église et voyant qu'un ministre tombait d'accord qu'on pouvait se sauver dans la religion des catholiques, Sa Majesté prit la parole, et dit à ce ministre : « *Quoi! tombez-vous d'accord qu'on puisse se sauver dans la religion de ces messieurs-là?* Le ministre répondant qu'il n'en doutait pas, pourvu qu'on y vécut bien, le roi répartit très judicieusement : *La prudence veut donc que je sois de leur religion et non pas de la vôtre, parce qu'étant de la leur, je me sauve selon eux et selon vous, et étant de la vôtre, je me sauve bien selon vous, mais non selon eux.* Or la *prudence veut* que je suive *le plus assuré.* » (Péréfixe, *Hist. d'Henri IV*). Le trait est bien gaulois et donne la mesure de la foi dans notre pays.

Le rôle de l'Église a été chez nous tout politique.

Elle a fondé, protégé, puis dominé la monarchie qui paya finalement de sa chute un aussi complet abandon d'elle-même. L'exécrable Saint-Barthélemy, qui souleva dans l'Europe du XVIe siècle une si grande réprobation, fut la continuation de l'œuvre entreprise par les Capétiens, terminée par Richelieu et parachevée par Louis XIV; c'est un épisode de la lutte du génie latin, dont les représentants les plus autorisés étaient le clergé et les publicistes des classes bourgeoises, contre la prédominance de l'influence germanique dans la direction de l'État, lui-même invention bourgeoise, datant du mouvement des communes, première étape de la bourgeoisie marchant à la conquête du pouvoir politique.

Les massacres de septembre, qu'on a si fort reprochés à la Révolution, ne sont que la reproduction très affaiblie des scènes de la Saint-Barthélemy, et, comme elle, frappaient la même caste avec cette différence que Catherine de Médicis, d'accord avec la bourgeoisie et le peuple, versait le sang de la féodalité, tandis qu'en 1792 le peuple, livré à lui-même, exécutait seul la noblesse, héritière directe de la féodalité dont l'antique puissance avait chez elle complètement disparu. La royauté n'avait pas voulu qu'il en restât même l'apparence. Les deux journées eurent les mêmes effets politiques et, dans la première, la religion ne fut qu'un prétexte. Quant aux dragonnades, elles trouvent, non point leur justification, mais leur explication, dans l'absolutisme d'une monarchie qu'aucune opposition ne venait plus tempérer. Il ne fallait pas que les exactions de la royauté pussent soulever même une réclamation. L'égalité devant le roi devait être partout; les dragonnades l'établirent sous le nom de servitude. « Les communes, dit quelque part M. Guizot, réclamaient leurs libertés; *on leur accorda un peu de tyrannie contre leurs ennemis.* » La France étouffait, aspirant après la liberté; on frappa ceux qui voulaient conserver, non pas même la liberté de penser, mais celle de croire. Ainsi l'entendait le roi. L'homme qui avait dit: « L'État, c'est moi, » ne pouvait s'imaginer, sur le tard, qu'il put y avoir dans l'État des gens pratiquant d'autres croyances que les siennes. Mais les croyances ici avaient surtout des torts politiques.

De la noblesse Louis XIV avait fait peu à peu deux parts; l'une riche ou pourvue de bénéfices, attirée et centralisée à Paris, était devenue la cour, et grâce à la corruption, qui devait prendre sous Louis XV de si grandes proportions, se domestiquait; et, c'est sur l'autre, pauvre et fière ou industrieuse et riche, et, par cela même mécontente ou peu souple, que frappèrent les dragonnades. Au moment où la noblesse anglaise se transformait en une aristocratie et formait le plus ferme appui du trône restauré, la noblesse française restait une noblesse, mais la royauté ne reposait plus que sur un fauteuil vermoulu. Royauté absolue et caste fermée devaient s'en aller le même jour.

Les mêmes causes produisent, toujours et partout, les mêmes effets. La monarchie, présidant aux destinées d'un peuple révolutionnaire, procédait elle-même à sa ruine. Là où il n'y a pas transformation, il doit forcément y avoir révolution. Ce fait peut être érigé en véritable loi historique et quand le résultat est amené ainsi qu'il arrive ici, par la force des choses, naturellement, il ne saurait y avoir de retour vers le passé. « Tout pouvoir renversé, non par la force, mais par le temps, dit Chateaubriand, ne se rétablit plus. »

L'évolution politique de l'Europe doit être étudiée en France ; c'est là qu'elle a commencé, là qu'elle s'est dessinée sous les formes les plus parfaites, suivant les lignes les plus nettes. La religion, si puissante partout sur l'esprit des hommes, n'a agi ici que comme facteur politique, parce qu'en vertu de cette loi de division du travail, qui préside aux destinées des peuples, le génie politique était échu en partage à notre pays. Les préoccupations religieuses n'ont jamais été qu'un prétexte. La conversion d'Henry IV ressemble à une pirouette et la catholique italienne se consolait d'une victoire des réformés par ce mot typique : « Eh bien ! nous dirons la messe en français. »

Les Guises étant catholiques, les Condé et Coligny furent protestants ; il n'y avait là qu'un regain de rivalités féodales. Seulement les uns tenaient pour la royauté, et les autres, en véritables descendants des Francs, luttaient contre l'omnipotence royale. Si Poltrot frappait le Balafré, champion de la royauté, Henri faisait ensuite assassiner le duc de Guise, qui, fidèle à la cause royale, mais traître à la personne, voulait simplement s'assimiler l'une et supprimer l'autre, en substituant aux Valois, qui s'en allaient, la maison de Lorraine, au préjudice de celle des Bourbons.

De massacres en assassinats, et d'assassinats en exécutions, le résultat le plus clair de ces luttes violentes fut que la victoire resta à la royauté, grâce à la bourgeoisie qui prit parti pour le trône, ne perdant jamais l'occasion de frapper sur la noblesse dont l'oppression pesait sur elle plus directement. Proudhon a résumé cet immense mouvement dans une apostrophe admirable de concision, qui résume toute l'histoire du tiers dans sa lutte pour l'émancipation : « C'est vous, bourgeois, qui, opposant la commune au castel et le roi aux grands vassaux, vainquites la féodalité. »

Après ce triomphe et cette dévolution du pouvoir d'une classe à une autre, le rôle de l'Église n'a pas cessé; jalouse de préserver son influence séculaire d'atteintes par trop imprévues, elle s'est inféodée la classe arrivée au pouvoir pour conserver sa puissance et protéger son œuvre historique, la monarchie. Un compromis s'est établi, un pacte a été signé pour assurer ce double résultat et faire tourner au profit d'une seule classe, l'œuvre de la Révolution, préalablement contenue dans des limites aussi étudiées que voulues.

Ces limites, elle seule pouvait les fixer; sa vieille expérience dans l'art de gouverner et d'exploiter les hommes lui en avait livré le secret. Elle sait depuis longtemps, ce que la science cherche encore : « que pour *appliquer*, il faut *expliquer* », et elle a mis au service de cette connaissance des mouvements humains, aussi bien gardée que le secret professionnel, le plus admirable instrument de servitude qui fut jamais, encore plus souple que fort. Son génie d'observation, constamment accru par une organisation cosmopolite, perfectionné le long des siècles, et servi par une diplomatie sans rivale, comprit immédiatement ce qu'il y avait à faire pour que la formidable commotion tournât à son avantage.

Elle savait qu'il avait fallu la puissance des empereurs, admis chez les peuples tributaires au rang des dieux indigènes et la conquête romaine, unifiant partout les peuples dans la même servitude, pour que le christianisme put s'établir. On avait adoré les empereurs-dieux qui se succédaient à Rome, jusqu'à ce que le Christ vint commencer l'œuvre des barbares en disant : « Rendez à César ce qui est à César et à Dieu ce qui est à Dieu. » C'était alors la séparation de l'Église et de l'État ; c'était là une œuvre révolutionnaire en ce sens que la parole nouvelle recommandait bien aux peuples la soumission temporelle, le paiement du tribut aux empereurs, mais elle enlevait à ceux-ci une partie de leur puissance, la puissance spirituelle, celle-là même qui les divinisait ; et quand, plus tard, les barbares vinrent se disputer les débris de l'empire romain, celle-là avait déjà disparu, que l'autre, la nouvelle, avait toute la vigueur de la jeunesse. Le christianisme prenait comme une traînée de poudre succédant au paganisme et amené par lui. C'est le propre de toutes les centralisations de précéder les chutes retentissantes.

Venue sur les ailes de la conquête, l'Église s'était abattue sur la France comme sur la plus riche des proies. Elle s'emparait de l'héritage des Césars, qui eut été sans elle irrémédiablement compromis; et, pour le conserver, elle usa de la même tactique, mais au lieu de la force qu'elle n'avait pas encore, elle employa la persuasion et la ruse, où elle excellait.

La soumission au prince fut enseignée partout, les provinces furent unifiées dans la même foi, dont l'Église fut le gardien vigilant, et le lien religieux qui les unifiait, devint peu à peu le lien administratif qui les devait enchaîner. La puissance du prince se confondait ainsi avec celle de l'Église qui savait le lui faire sentir à l'occasion.

En échange de la civilisation qu'elle apportait, elle obtint l'exploitation qu'elle pratiqua à son profit et pour le grand avantage des rois, qui pouvaient apprécier, en comptant leurs trésors, les bienfaits d'une pareille entente. « *Diviser pour régner*, » tel fut le principe qui donna aux Romains la conquête du monde. L'Église ne l'oublia pas. Si quelque province venait à secouer le joug et tentait de s'affranchir, en brisant les liens qui les enchaînaient les unes aux autres et les unissaient toutes à la royauté, l'Église suscitait les autres à la maintenir dans ce contrat forcé, sorte de servitude volontaire qu'elles prenaient pour la loi. Il était conforme aux principes de l'Église et à ses intérêts que la France fut un royaume. L'Église et la royauté étaient liées par ce contrat qui fit la royauté, et la rupture de ce contrat était la perpétuelle sanction dont l'Église menaçait les rois, lorsque ceux-ci voulaient en relacher les liens; les démêlés des Valois avec l'Église le montrent suffisamment; la Ligue en est une autre preuve. Henri IV, après l'avoir vaincue, fut obligé de se soumettre; il n'eut pas régné, s'il n'avait abdiqué, en abjurant, toute velléité de résistance aux principes unitaires de l'Église, qui allait toujours plus avant dans la centralisation.

Le gouvernement de la cité n'était pas séparé du culte dans le monde antique; cette séparation fut le point de départ, la raison d'être du Christianisme, — la parole du Christ en fait foi, — la séparation de l'Église et de l'État en marquera la fin.

L'Église le comprend si bien, qu'elle a tout fait pour obtenir de Napoléon le renouvellement du contrat rompu par la Révolution; et, pour effacer jusqu'à l'autonomie nominale des provinces, dont la Révolution avait réveillé le vieux levain d'indépendance endormie par dix-huit siècles de servage et de monarchie, elle provoqua la création des départements. Il y avait trente-deux provinces, il y eut quatre-vingt-six départements; aux gouverneurs, baillis et sénéchaux de la conquête franque succédèrent les préfets, les juges, les fonctionnaires de la conquête romaine. Le nombre des fonctionnaires s'accrut avec les fonctions, qui s'accrurent elles-mêmes avec l'augmentation des divisions administratives. Le péril couru par la conquête avait fait doubler les chaines qui chargeaient déjà le peuple conquis. « *Cet homme, disait Napoléon, de Ropespierre, a plus de suite qu'on ne croit.* » Parole exacte qui dissimule la perspicacité sous l'étonnement. Certes, Robespierre avait de la suite, mais Bonaparte fut la suite de Robespierre, et si le général fut l'épée de la Révolution, l'empereur devint, au même titre que l'avocat jacobin, l'instrument de cet esprit de suite qui fait la force de l'Église et lui permet d'imposer ses volontés.

Que faisait donc le jacobin Robespierre, lorsque, décrétant le culte de l'Être-Suprême, de la déesse Raison, il instaurait à cet effet ces cérémonies liturgiques, où le déisme le disputait au burlesque, si ce n'est réhabituer les Français au culte et préparer les voies qui les conduiraient à nouveau aux autels? L'Église s'était incarnée dans les Jacobins qu'elle avait couvés, elle fut l'âme de leurs complots, et si elle ne désigna pas les victimes, elle s'assura de l'efficacité des coups.

Que voulaient les Girondins, si ce n'est l'affranchissement du pays au moyen des franchises provinciales, qui renversaient le joug de la centralisation et, par conséquent, détruisaient du même coup l'exploitation politique organisée par l'Église ? Aussi étaient-ils condamnés, du jour où la Révolution ne fut plus maîtresse d'elle-même et qu'elle s'abandonna à la dictature qui la devait faire échouer. L'exécution des Girondins fut la Saint-Barthélemy de la Révolution ; et, la perfidie, cette arme des policiers, jointe à la bassesse des caractères, éclaire cette scène d'assassinat de tout un parti, précédant l'escamotage de la liberté d'un peuple, de ce jour blafard qui enveloppe toujours les œuvres de Loyola. Le matin même du jour où il le faisait arrêter, Robespierre donnait à Camille Desmoulins l'accolade fraternelle, et tandis que la jeunesse des provinces, soulevée contre la dictature, combattait à la frontière pour la défense de la patrie, les Jacobins jetaient sur elles le filet de la centralisation. Napoléon ne fit plus qu'en resserrer les mailles. Constamment fidèle, d'ailleurs, au principe qui avait fait sa force à toute époque, l'Église centralisa. Le maximum de l'effort qu'elle tenta dans cette voie fut obtenu sous Louis XIV et comme toujours fut tout politique; mais auparavant Charlemagne, conseillé par elle, avait créé la centralisation des alleux, d'où naquit la féodalité; celle-ci, de fiefs épars et sans adhésion, fit de gros morceaux, amenant elle-même cette centralisation supérieure qui absorba le tout sous le nom de monarchie, en vertu des lois d'attraction et de gravitation politiques; et, lorsque celle-ci succomba, guidé par la même influence et suivant la même méthode, Napoléon prépara la féodalité financière, en faisant de son Code la genèse même de la centralisation des capitaux.

A quelques siècles de distance l'empereur Franc et l'empereur Romain opéraient de la même façon; l'Église veillait et surveillait, toujours identique à elle-même, sa proie pouvait lui échapper. Celui-ci, toutefois, était plus son empereur que celui-là, car son pouvoir n'était plus à établir, mais à conserver. Après avoir appartenu aux Francs, la France devenait la chose des Romains; à la conquête succédait la conquête par voie de transition révolutionnaire.

Clovis s'était laissé faire pour régner, ne pouvant gouverner ce qu'il avait conquis et trouvant commode une organisation qui fonctionnait depuis près de quatre siècles déjà; Charlemagne se servit de l'Église, et l'Église se servit de Napoléon, qui, après avoir été l'epée de la Révolution, devint l'instrument même du clergé, l'exécuteur de ses hautes œuvres. Empereurs et rois ont passé et l'Église immuable a continué impassiblement sa route, à travers les événements les plus contraires, devinant les hommes, préparant au fur et à mesure de ses besoins ceux qui pouvaient être siens, les lançant à son heure dans la mêlée politique, et ne négligeant pas l'occasion de supprimer les autres. Le moment psychologique ne lui a jamais échappé; elle sait attendre.

De la barbarie, chose informe et rude, elle a fait une pâte molle et souple, qu'elle a pétrie à son image. La monarchie est un produit de la barbarie franque et de l'absolutisme romain.

C'est Aetius, qui commandait les Romains et les Francs de Mérovée lors de l'épouvantable choc qu'ils eurent avec Attila dans les plaines de Châlons, et les Francs de l'invasion avaient déjà accepté la discipline romaine, car, lorsque survint l'hérésie d'Arius, première incarnation de la réforme, elle embrassa tout le monde barbare, les Francs de Clovis exceptés. L'Église avait passé par là. A partir de ce moment la France devenait la fille aînée de l'Église et le « *gesta dei per Francos* » une réalité. La monarchie était fondée; elle est d'invention romaine, elle date de la conquête, elle est l'emblème de l'asservissement de notre pays. L'autel, en France a précédé le trône, voilà pourquoi Voltaire et Diderot devaient précéder Mirabeau et Danton.

Plus tard l'Église protégea les rois contre les compagnons de Clovis devenus les seigneurs féodaux. Quatre cents ans après le baptême de Clovis, comme Hugues Capet disait à Dalbert, de Talleyrand : « *Qui t'a fait prince?* » le descendant des Francs lui répondait encore : « *Qui t'a fait roi?* » La monarchie était à la merci de l'humeur guerrière de la féodalité et elle allait peut-être disparaître dans ces querelles, quand l'Église intervint et imagina les croisades. Au concile de Clermont en Auvergne, le pape français, Urbain II, invitait les seigneurs féodaux à partir pour la lointaine Palestine en ces termes : « Allez déployer dans cette noble guerre cette habileté et cette valeur, dont vous faisiez un si funeste usage dans vos querelles intestines. » Ils partirent en nombre, revinrent fort diminués, et trouvèrent au retour la monarchie prête à leur faire la loi, et l'Église assujettissant, peuple, princes et roi.

La domination de l'Église avait besoin pour s'établir d'une force qui brisât toutes les résistances ; elle façonna la monarchie à son image ; son principe est un ; il n'y a qu'une foi, qu'un Dieu ; l'Église est catholique, c'est-à-dire *universelle, une ;* hors d'elle point de salut ; son centre est à Rome ; elle est exclusive, comme il n'y avait qu'une foi, il n'y eut qu'une autorité. « *Il n'y avait qu'une monarchie en Europe, dit Chateaubriand, la monarchie française ;*

toutes les autres en étaient filles, toutes s'en iront avec leur mère. » Toute l'histoire de France est dans cette phrase, et cette histoire donne le type même de l'évolution politique dans les temps modernes.

Toutes les monarchies ont voulu se modeler sur celle de Louis XIV, et tandis qu'avant nous, les Anglais coupaient la tête à un roi, nous décapitions à jamais la royauté.

Toutefois, ainsi que nous l'avons dit et, comme il convient de l'expliquer, l'influence politique de l'Église n'a pas cessé avec la monarchie. Elle a survécu à la Révolution, elle a exploité à son profit le sentiment égalitaire de notre pays. Son principe unitaire et exclusif a dominé et fait dévier la Révolution ; tant il est vrai qu'on n'arrête pas brusquement un mouvement commencé et qu'on n'interrompt point l'effet organique de forces acquises. C'est à Siéyès, un abbé, un prêtre que nous devons la République *une et indivisible*, comme il a renfermé la Révolution tout entière dans cette formule : « *Qu'est-ce que le tiers-état? Rien. Que doit-il être? Tout.* » Encore et toujours la centralisation dans l'intérêt d'un monopole ou d'une classe. Tout ou rien, voilà ce que Siéyès voulait pour le tiers-état ; *hors de l'Église point de salut ;* comme il n'était rien, il fallait qu'il fût tout ; le besoin s'en était fait sentir d'un jour à l'autre. Quel raisonnement ! on voit où il mène ; que chacun dans la nation en pense autant et s'attribue une pareille importance sociale, c'est la lutte des classes à l'état permanent. Mais, n'avons-nous pas dit que l'Église avait fixé les limites qui devaient contenir la Révolution? C'est Siéyès qui a parlé en son nom, c'est Robespierre qui a déblayé le sol et préparé les voies et c'est Napoléon qui a construit l'édifice. Comme la monarchie est issue de la barbarie franque et de l'absolutisme romain, ainsi le jacobinisme est un produit du principe unitaire de l'Église, de la centralisation romaine, et des sophismes du contrat social. En même temps que disciple de Rousseau, Robespierre était un avocat, un *togatus*. La province romaine peuplée par l'invasion et par où filtra, avec la civilisation, le despotisme en Gaule, portait le nom de *Gallia togata* et Juvénal, en profond observateur, appelait la Gaule dans une de ses satires, *nutricula causidicorum, nourricière d'avocats*. C'est aujourd'hui encore la plaie de notre pays. Ces nourrissons du Code romain plaident, comme on sait, aussi bien le vrai que le faux, le juste que l'injuste. Les sophismes de Rousseau devaient trouver chez eux un terrain tout préparé. Ils sont les rhéteurs autrefois combattus par Socrate.

D'autres influences devaient encore pervertir la générosité du génie national. Tandis que la monarchie opérait son œuvre centralisatrice, la pensée française travaillait sans relâche; l'éducation du cerveau se faisait lentement, et pendant le long hiver du moyen âge germait l'idée égalitaire de la Révolution. Le printemps arrive, joyeux et fécond avec Rabelais; nourri des lettres grecques par son ami Amyot, son livre est le chef d'œuvre de l'esprit gaulois. C'est le chant du coq, annonçant l'aurore; la Renaissance arrive. Ainsi son petit-fils Voltaire devait plus tard annoncer l'été brûlant de la Révolution. Le formidable éclat de rire de Rabelais ébranlait les vitres; Voltaire, enfant de Paris, les cassait. De Rabelais à Voltaire se forme le courant d'idées qui devait emporter la monarchie.

Mais tandis que ce mouvement tout national se produisait, parallèlement, sous les mêmes influences, mais dans un autre ordre d'idées, le barreau, l'Université, toutes les institutions destinées à subvenir à la vie politique, et à pourvoir d'hommes les fonctions publiques, en un mot tout ce qui constituait la fonction du *tiers* dans l'économie sociale, par opposition à la noblesse qui tenait l'épée et donnait son sang, s'abandonnait à la scolastique, et ne jurait que par Aristote. A côté d'Amyot et de Rabelais, tous deux si épris de la littérature grecque, à côté de Ronsard qui vantait ainsi la beauté de la langue grecque :

« Ah que je suis marri que la langue Françoise
« Ne puisse s'exprimer comme faict la Grégeorie. »

toute la philosophie du moyen-âge se renfermait dans l'œuvre d'Aristote; la mère des sciences morales et politiques ne devenait plus que la logique et peu à peu le raisonnement étouffait la raison, *Summum jus, summa injuria!* La faculté génératrice de la Liberté s'atrophiait lentement.

Si le gros rire d'Homère éclate en Rabelais, nous retrouverons plus tard, tous les sophismes de la scolastique dans cette fiction de légiste qui a nom le Contrat social. Si Aristote est l'inventeur du syllogisme, l'instrument par excellence du raisonnement déductif, aussi cher aux penseurs que dangereux pour la pensée, Descartes en a donné les lois. La pensée grecque revivait dans la nôtre avec ses qualités de goût, d'esprit et de joyeuseté, mais aussi avec tous ses défauts. Aristote a régné sur le moyen-âge absolument de la même façon que Néron sur Rome, pour le plus grand préjudice de la science et de la liberté. On poussa le fanatisme jusqu'à frapper ses détracteurs, il n'était point permis de douter qu'il eût toujours raison. La raison s'effaçait ainsi devant le raisonnement, le caractère devant l'esprit. Les beautés de la langue, qui incarnaient les dons les plus heureux de l'intelligence, prêtaient plus au rire et à l'usage de la parole et des mots qu'à la réflexion. Il en résulta qu'au lieu de s'attacher à cette partie de l'œuvre d'Aristote qui renferme des trésors d'observation, les écrivains, laïcs et clercs, argumentèrent sur sa logique.

La réflexion est cette forme de la pensée qui s'appuie sur l'expérience et l'observation. La vérité, dit Bacon, est fille du temps et non de l'autorité. Comme toute autorité, lorsqu'elle est sans contrôle et sans frein, celle d'Aristote fut déplorable. Le contrôle en fait de science et de philosophie ne peut venir que de l'observation, et l'influence d'Aristote n'eut d'autres résultats que de l'empêcher. C'est ainsi que la raison, qui se développe avec l'expérience et par l'observation, fut moins cultivée que le raisonnement, où, il ne faut voir sans elle qu'un fonctionnement car, suivant l'expression même d'Aristote, « le syllogisme est l'arrangement de piusieurs propositions et non la création d'une proposition nouvelle. » Cet abus du raisonnement, ce fonctionnement que subit le cerveau français, deux siècles durant, en cette période de son développement qui correspond chez l'homme à la jeunesse, eut sur lui une telle influence qu'autorité et logique l'emportèrent toujours depuis sur la liberté et la raison, dont la prédominance est un criterium infaillible d'un sens plus profond de l'observation.

Il en est des formes de la pensée, comme des formes organiques qui, par le fait du fonctionnement ou du repos, se développent ou deviennent rudimentaires, et, si l'on considère que pour être plus long, le développement intellectuel d'un peuple ne diffère en rien de celui d'un homme suivant les mêmes phases, passant successivement par des périodes de croissance et de décroissance, subordonnées les unes aux autres, la psychologie sociale et l'évolution historique de la pensée et du langage pourront en être éclairées d'un jour tout nouveau. Cela est pourtant si vrai que Descartes, dont le seul nom inaugure en philosophie cette renaissance qui détruisit l'influence du moyen-âge, n'eut rien de plus pressé, après avoir donné les règles mêmes de la méthode, que d'y manquer, en cessant immédiatement d'observer pour déduire. L'influence de l'éducation nationale et la race parlaient plus haut chez lui que le génie du penseur. C'est ainsi que dans un sens tout opposé le même fait psychologique se représente chez Hobbes et les disciples de Bacon.

Remarquons toutefois qu'autorité et logique sont indissolublement liées. L'autorité est logique étant forcément toujours d'accord avec elle-même, et la logique est nécessairement autoritaire, puisqu'elle n'a d'autre but que de faire triompher un argument. La déduction, cette arme du syllogisme, se montre particulièrement en faveur chez les peuples qui ont le culte de la force; c'est un mode de raisonnement essentiellement féminin ; il réclame plus d'habileté d'esprit que de profondeur, plus d'astuce que de force, et met en lumière les qualités superficielles de l'intelligence, celles qui parent bien plus que celles qui profitent.

En même temps le génie synthétique de la race, dont le monument le plus caractéristique est l'Encyclopédie, était trop satisfait par la déduction pour ne point s'en servir toujours. L'accaparement de l'intelligence par la logique et l'abus d'une seule méthode de raisonnement eurent pour conséquence de mettre au service de la passion dominante de notre caractère l'*Égalité*, toutes les raisons, bonnes ou mauvaises, qui pouvaient la satisfaire, toutes les formes politiques, vraies ou fausses, qui en procèdent.

Chez les Gaulois tous les ans on partageait les terres. « *C'est, dit César, afin que le peuple soit content en voyant sa richesse égale à celle des grands.* » Traduites *politiquement* toutes les déductions successives dérivant de prémisses *uniquement égalitaires*, c'est-à-dire excluant la *Liberté*, concluent à la centralisation, à l'unité, au despotisme dont la forme absolue est la monarchie, et, *socialement*, au communisme, dont la forme la plus parfaite est la communauté religieuse. Ni l'une ni l'autre ne sauraient convenir à notre pays. Dans le premier cas l'homme est un sujet, et dans le second un esclave. Ici, il a perdu la liberté et, là, il l'abdique. Nous verrons plus bas, qu'en fait de gouvernement Rousseau, cet amant connu de la nature, préférait aux règles monastiques une façon de discipline militaire, qui, pour être plus virile, n'est guère plus libérale.

Mais Rousseau, Siéyès, Robespierre et Bonaparte sont autant de noms, qui marquent les étapes successives parcourues par l'*Egalité* en dehors de la *Liberté*. *Égalité* et *Liberté* sont pourtant dans la nature, et elles sont aussi nécessaires à l'équilibre des facultés de l'homme qu'au fonctionnement régulier du gouvernement, organe de la société dans laquelle il vit.

Le jacobinisme s'emparant, comme nous l'avons vu, du principe unitaire de l'Église et des forces acquises propres à le favoriser, exploitait encore tous les défauts qui, pour les peuples comme pour les individus, constituent, avec les qualités, les deux faces d'une même passion.

La jalousie et l'envie, ces deux moindres défauts du jacobinisme, sont les produits immédiats de ce sentiment d'égalité, poussé jusqu'à ses dernières limites et considéré comme un dogme de gouvernement. La Révolution, a-t-on dit, comme Saturne, dévorait ses enfants.

Voici d'ailleurs la liste des présidents de la Convention, avec l'indication de ce qu'ils sont devenus :

Guillotinés..................	18
Se sont suicidés......... ...	3
Déportés....................	8
Incarcérés..................	6
Fous à lier..................	4
Mis hors la loi..............	22

Pourquoi toutes ces tristes destinées?

Parce que la passion de l'égalité se traduit individuellement par l'envie et la jalousie, deux mots créés pour définir ce sentiment qui empêche de reconnaître chez autrui une évidente supériorité.

Les hommes doivent être égaux devant la loi et devant les luttes de la vie, tel est le but moral du progrès politique et social, mais ils sont inégalement doués et le *seront toujours;* et toute autre recherche de l'égalité ne peut être que vaine, car, ceci est non seulement la constatation d'un phénomène naturel, né avec l'homme lui-même, c'est aussi la condition même du progrès humain.

Les animaux non soumis à cette loi sont toujours restés des animaux, c'est-à-dire des êtres égaux devant leurs besoins et leurs passions. « *L'homme*, a dit Beaumarchais, *diffère de l'animal en ce qu'il fait l'amour en toute saison et qu'il boit lorsqu'il n'a plus soif.* » Sous cette forme plaisante, il déterminait les facteurs principaux du progrès.

La poursuite de l'égalité est forcément le travail de Pénélope, car le jour où elle aboutirait l'évolution humaine serait terminée.

Que faut-il donc penser d'un système qui s'appuierait seulement sur l'*Égalité*, enlevant ainsi toute utilité sociale aux supériorités. En politique celles-ci s'appellent les *hommes-obstacles* et on les supprime. « *C'est à force de talent*, dit Lavallée, que les Girondins retardèrent leur condamnation; » mais Girondins et Danton, *montagne* et *plaine*, ayant disparu, on aboutit fatalement à Napoléon, c'est-à-dire au despotisme. Là, le niveau est absolu, et, ce que le peuple prend pour l'égalité n'est que le joug de la servitude. Tous s'étant dévorés, jusqu'à ce qu'il n'en restât plus qu'un, le monopole devenait formel. Là encore : Égalité = unité = despotisme.

L'Égalité sans la Liberté, c'est le despotisme.

Au point de vue social, que penser d'un système qui annihilerait les supériorités, en les ramenant au niveau commun, en fait d'influence politique et social; ce serait simplement la transformation des *plus-values* sociales en *moins-values* et le triomphe assuré de la médiocrité. Ce système serait tout-à-fait antisocial et c'est bien là ce qui caractérise le système jacobin ; un siècle d'expérience nous l'a suffisamment prouvé; il mène directement aux luttes de classes, il est l'instigateur de toutes nos révolutions. Le jacobinisme monopolise toutes les forces de la nation à son profit : « Venez avec nous, dit-il, ou disparaissez; hors l'Église point de salut. » Telle est sa devise, c'est celle de l'Église elle-même, devenue le symbole de la religion politique.

D'autre part, la Liberté, que ne vient tempérer aucun sentiment d'égalité, engendre, comme nous le montrerons pour l'Angleterre, les plus grands abus. Là aussi, *summum jus, summa injuria !*

La Liberté sans l'Égalité c'est le droit du plus fort.

Où trouverons-nous donc la vérité? Dans un rapport exact entre la *Liberté* et l'*Égalité*, c'est-à-dire dans la nature même. Le Français, intelligent par excellence, peuple de goût et ancré à son sol, a cherché par cela même à y vivre le plus heureux possible. Une pensée continuelle d'émancipation travaille son esprit; elle a produit chez lui la République, qui est la forme même de l'égalité politique et le but de son évolution sociale.

Mais quelle République? Les uns l'ont voulue conservatrice, les autres scientifique, celui-ci radicale, celui-là des paysans, chacun l'accommodant à sa façon, selon les besoins de la politique du moment et aussi suivant son tempérament, ses goûts, son éducation, mais tous se mouvant dans le système jacobin et sacrifiant le pays tout entier à une minorité. Qui que ce soit d'entre eux se garderait bien d'y toucher. Avec tel ministre les juges sont Bretons et tel autre, les préfets Toulousains; nul n'oserait affirmer que les Bretons ont été mis sur la terre avec le don spécial de rendre la justice, ni que les Toulousains sont particulièrement aptes à administrer, et les populations voient arriver avec étonnement des fonctionnaires qui se renouvellent sans cesse, et les traitent en pays conquis. Tel département est sacrifié à tel autre, sans autre raison que le bon plaisir de l'autorité centrale ; c'est même à cela que l'on reconnait l'influence de ses représentants dans le gouvernement. Mais cela ne tire pas à conséquence; l'important est que chacun mette le pays au pillage; la France est jugée riche et le budget inépuisable.

La conséquence de cet état de choses est une dette de 40 milliards (État, départements et communes), la banqueroute certaine et des désastres inouïs qu'aucune responsabilité n'est jamais venue tempérer. C'est la monarchie, moins les avantages; les rois sont souvent retenus par la crainte de compromettre leur couronne; ici, aucune sanction ne vient sauvegarder les intérêts généraux de la nation.

Pas de sanction, pas de responsabilité; le système est anonyme et la déprédation continuelle. Les ministres s'en vont; de leurs têtes on n'a que faire et leur fortune est en lieu sûr; il ne reste de leur passage au pouvoir que la malédiction du peuple et le jugement de l'histoire. Triste consolation, quand il s'agit de Sedan ou de la banqueroute!

Eh bien! la vérité est dans la fédération de toutes les races de France, chacune apportant à la patrie son génie propre, se développant au sein de sa liberté et revendiquant par un contrat sa part de la souveraineté nationale.

C'est le *contrat national*. La France n'a pas été servie comme un plat tout chaud, au banquet des nations; elle s'est formée lentement de toutes les races qui peuplent son sol. La conquête les a réunies pour les exploiter, la Liberté doit les émanciper et un contrat doit les unir. il s'appellera la République fédérative et celle-ci, de même que la Réforme pour le christianisme, constituera la *variabilité* de la Révolution Française.

Dans cette République l'égalité sera exploitée pour le bien, puisqu'en somme il s'agit de faire tourner un sentiment exclusif au profit du développement de tous les autres, car il serait aussi absurbe qu'inutile de vouloir changer le sentiment d'un peuple.

« Chassez le naturel, il revient au galop. »

C'est pourtant, comme nous le verrons, la pensée qui a présidé à la confection du *contrat social* et prévalu dans le système de gouvernement, issu de ses sophismes. L'égalité peut se changer en servitude; c'est la solution des autoritaires et, il y a autre chose dans la Révolution Française que des formules autoritaires de gouvernement.

L'égalité, dont nous avons signalé les défauts, est aussi mère de la gérérosité et de l'émulation vers le bien, deux sentiments qui ont fait dans le monde une si belle place à notre patrie. Il est grand temps qu'ils contribuent à son bonheur après avoir fait sa gloire. Le moyen, c'est la Fédération, le *contrat national*. Telle est la solution de la Liberté. Là, ce n'est plus le niveau du despotisme qui règnera, ni l'égalité par le bas, ce sera le respect de la liberté dans les coutumes, dans les mœurs et dans les personnes, et la concurrence entre toutes les races de France pour le bien du pays, au point de vue politique, économique et social; chacune d'elles ayant son génie propre et ses qualités particulières se distinguera dans toutes les branches de l'activité humaine ou plus spécialement dans quelques-unes; de là, naitra l'organisation de la production, et un sentiment d'émulation essentiellement profitable au progrès.

Le gouvernement sera la résultante des forces nationales, l'organe de la société et non le symbole même de l'exploitation et de l'anarchie; la dépopulation ne tuera point peu à peu la patrie; mais, il est temps de se presser, car, ainsi que dans un corps déjà vieux, le sang chez nous reflue vers le cœur, la capitale s'accroit démesurément et la province s'appauvrit tous les jours. Le jacobinisme n'engendre que le monopole, politiquement et socialement.

En attendant le *contrat social* fait loi et Robespierre gouverne.

Examinons par quels moyens.

« Celui qui ose entreprendre *d'instituer un peuple*, dit Rousseau, doit se sentir en état de *changer* pour ainsi dire *la nature humaine*, de transformer chaque individu, qui par lui-même est un tout parfait et solidaire en partie d'un plus grand tout dont cet individu reçoive en quelque sorte sa vie et son être; *d'altérer la constitution de l'homme* pour la renforcer, de substituer une existence partielle et morale à celle que nous avons reçue de la nature. Il faut en un mot qu'il *ôte* à l'homme ses *forces propres* pour lui en *donner* qui lui soient *étrangères* et dont il ne puisse faire usage sans le secours d'autrui. »

Cela se trouve textuellement dans le *Contrat social* et est intitulé *Du législateur* et voilà quatre-vingts ans que nous vivons conformément à ces principes. *Instituer un peuple !* Au XVIIIe siècle? Rousseau parle comme si nous sortions de l'état sauvage, marchant encore à quatre pattes.

La France allait commencer en 89 instituée par Rousseau! Et comment? Un cordonnier qui forcerait une paire de chaussures beaucoup trop étroite pour l'offrir à quelqu'un à la place d'une paire qui lui conviendrait, ne s'y prendrait pas autrement que l'auteur de cette institution. Le conseil a, d'ailleurs, été suivi de point en point, par Sieyès qui, au 31 mai, passa la main à Robespierre, lequel engendra Napoléon, triomphe vivant de la théorie sous la forme du caporalisme. Là, l'homme disparait, reçoit un numéro matricule, se couche au tambour, est *bouclé* sans raison et tué s'il le faut.

Le jacobinisme constitue en France ce parti, qui veut mettre une camisole de force au peuple, le meilleur et le plus généreux de la terre. Ce peuple s'est formé, à travers les siècles, de diverses races, sur lesquelles la nature a fixé sa puissante empreinte; les traits sont différents, les mœurs autres, et les divisions naturelles. Tout cela ne compte plus; aux magistrats élus, on a substitué les fonctionnaires, et aux provinces les départements, qu'aucune raison n'explique et qu'aucune représentation ne personnifie. Le maire, magistrat de la commune, est nommé ou révoqué par le préfet; de la sorte, il est forcément toujours d'accord avec ce fonctionnaire. L'influence des conseils généraux est fictive et la représentation nationale est factice.

Cependant le *Contrat social* fait du peuple un souverain et l'appelle ainsi.

Le pouvoir des assemblées départementales est illusoire, avons-nous dit, puisqu'il est contenu dans des limites si rigoureuses que, jusque-là leurs vœux sont annulés par le représentant de l'autorité centrale, lorsqu'ils déplaisent à celle-ci.

Reste la volonté nationale exprimée par la voie du suffrage, moyen préconisé par Rousseau, comme étant le meilleur pour la connaître, et employé depuis.

Voici comment il l'entend, et voyons comment ce suffrage fonctionne.

« A l'égard du nombre proportionnel des suffrages, dit-il, pour déclarer cette volonté, j'ai aussi donné les principes sur lesquels on peut le déterminer. La différence d'une seule voix rompt l'égalité : un seul opposant rompt l'unanimité : mais, entre *l'unanimité et l'égalité il y a plusieurs partages inégaux*, à chacun desquels on peut fixer ce nombre, selon l'état et les besoins du corps politique : dans les délibérations qu'il faut terminer sur le champ (mais, il faut toutes à un moment donné les terminer sur le champ!) l'excédent d'une seule voix doit suffire aux suffrages, » p. 315.

Ce que Rousseau entend par « *plusieurs partages inégaux* » est tout simplement la reconnaissance implicite de l'existence des minorités et par conséquent l'aveu, d'après ses idées même, du droit qu'elles ont d'être représentées. Nous verrons ce qu'il en fait. « *L'état et les besoins du corps politique* » constituent un euphémisme destiné à cacher l'embarras de Rousseau, devant des gens qui se permettent de n'avoir pas tous la même opinion. L'unité n'est pas de ce monde ; elle suppose l'identité qui est l'égalité absolue, et elle n'existe même pas pour les grains de sable. Quant à la fameuse majorité plus un, condition nécessaire et suffisante, pour que le vote ait force de loi ou que l'élection du représentant soit valable, Rousseau se montre trop généreux ou trop exigeant.

Prenons au hasard, parmi les élus de la Chambre du scrutin d'arrondissement.

Le député de l'arrondissement de Florac a été élu par....................	4,396	sur	11,222	inscrits
Celui de l'arrondissement de Marmande, par.....	12,885	»	31,106	»
Celui de la 1re circonscription à Mayenne, par...	5,936	»	18,831	»
	23,217	»	61,159	

Nous sommes loin de la fameuse majorité plus un, et tous ces prétendus représentants sont dans ce cas-là. Les uns n'obtiennent même pas le tiers des voix des électeurs inscrits, les autres en ont quelquefois davantage, presqu'aucun d'eux n'en réunit la moitié. A qui fera-t-on croire que moralement et numériquement, en fait et en principe, ces personnages représentent la France ? Il ressort du rapprochement de ces chiffres, que trois députés sont chargés par 23,217 votants de représenter 61,159 électeurs qui eux-mêmes ne constituent pas la totalité des ayant-droit. Quelle mystification ! Comment a-t-on pu nommer cela le suffrage universel et surtout croire aussi longtemps qu'il y avait là autre chose qu'une immense escroquerie politique ; mais, il est entendu qu'en fait de politique, il n'y a pas d'escroquerie ; c'est là, une morale à l'usage de ceux qui, ayant créé le système, se présentent à l'envi pour l'exploiter.

En sera-t-il toujours ainsi et ne pourrait-on pas jeter un peu d'honnêteté là-dedans ?

La loi morale est antérieure au suffrage et elle lui est supérieure, en ce sens qu'elle doit présider à son fonctionnement. Son principe fondamental est celui-ci : « *A tout droit correspond un devoir.* » Le droit de vote appartient à ce pays ; il l'a conquis et payé de son sang par la Révolution de 1848 ; on ne lui conteste plus, tous les partis l'admettent.

Au droit de voter, correspond le devoir de voter et à ce devoir le droit d'être représenté. Pourquoi le peuple profite-t-il aussi peu de son premier droit, du droit de voter ? C'est qu'il sent parfaitement, sans pouvoir l'expliquer, que son second droit, celui d'être représenté, lui est ravi à la fois, et par le mode de suffrage qu'on lui impose et par la façon dont le député remplit son mandat. Son indifférence naît de la conscience qu'il a de la mystification dont il est l'objet. Il ne sait pas, avant de voter, si *son opinion obtiendra la majorité, condition nécessaire*, comme on l'a vu, pour qu'elle soit représentée, et, rien ne lui garantit, dans le cas favorable, que le représentant, élu par lui, ne la trahira pas.

Dans ces conditions, l'obligation de voter s'impose-t-elle au citoyen et la loi doit-elle intervenir pour lui donner une sanction ? Toujours la peine, toujours la force, toujours l'autorité! Voilà, de quelque côté qu'on se retourne, à quoi aboutit toujours le système jacobin. Et encore ici la sanction serait-elle aussi ridicule qu'illusoire; le moyen de l'exercer manquerait aussi bien que celui de la contrôler; dans les conditions précédemment indiquées, chacun voterait pour soi. Ne pas voter ou chacun votant pour soi, dans les deux cas, ce serait la fin du suffrage universel; le sophisme aboutit forcément à la négation ou à l'absurdité, et nous nous retrouvons aussi embarrassés que devant.

Quel moyen faut-il donc employer pour que le citoyen exerce son droit?

Il ne serait point assez ennemi de lui-même pour ne pas l'exercer, si ce droit lui conférait une *part effective* de la souveraineté nationale.

Il en est deux; la représentation des minorités et la responsabilité du député.

Du droit des minorités, qu'en fait-on? Le cas qu'en fait Rousseau lui-même.

« Du calcul des voix, dit-il, se tire la déclaration de la volonté générale. Quand donc l'avis contraire au mien l'emporte, elle ne prouve autre chose, sinon que je m'étais trompé et que ce que j'estimais être la volonté générale, ne l'était pas. *Si mon avis particulier l'eût emporté, j'aurais fait autre chose que ce que j'avais voulu; c'est alors que je n'aurais pas été libre.* » p. 315. Voilà le cas que Rousseau fait de sa liberté; encore un peu, et il s'excuserait d'avoir même une opinion. On reste stupéfait en lisant de pareilles choses et l'on se tate en se demandant s'il existe vraiment une personnalité humaine. Que l'on grave cette phrase sur la première pierre qui reproduira le *grand homme;* il n'en est pas qui puisse l'illustrer davantage. L'électeur pourra la lire et la relire; elle lui expliquera tout le mécanisme du suffrage. Il y trouvera la raison pour laquelle il n'est pas représenté, lorsque le protagoniste de son opinion se voit distancé par son concurrent de quelques voix ou bien, lorsqu'au scrutin de liste, la liste de son choix, évincée de toute participation à la représentation, l'évince lui-même de sa part de souveraineté. Si la loi octroie à un département 25 députés et que trois listes soient en présence, emportant le jour du scrutin relativement le même nombre de voix, *tous les électeurs se voient représentés* par les candidats de celle qui l'emporte sur les deux autres, lesquelles réunies, ont un nombre de suffrages très supérieur à la première. Que l'électeur ne se récrie pas! On l'a déjà prévenu. « *On lui ôte ses propres forces pour lui en donner d'autres qui lui soient étrangères.* » On lui ôte son opinion pour lui en *imposer* une autre, on lui confisque sa liberté pour lui donner cette autre liberté qui s'appelle la servitude.

Mais, dira l'électeur, le ministère issu du parlement se recrute dans tous les groupes de la majorité; nous avons le gouvernement de *la* majorité et non point seulement celui d'*une* majorité, le système parlementaire diffère donc du système électoral qui l'entretient? C'est certain, car autrement il ne pourrait durer. Les candidats ne sont plus candidats, ils sont députés, *ils sont dans la place;* il s'agit présentement des intérêts, de la distribution des faveurs, de répartir entre soi les bénéfices de l'exploitation du suffrage et, ce sont là des sujets qui ne comportent point d'escamotage; tandis qu'auparavant simples candidats, il ne s'agissait pour les futurs députés que d'évincer leurs concurrents, *d'entrer dans la place*. Les querelles et les grands mots antérieurs à l'élection ne sont faits que pour abuser l'électeur. Une fois au parlement, le ministère qui dépend d'eux est ouvert aux républicains violets, vert-bouteille, marrons, marrons surtout et aux radicaux qui ont toujours en réserve des hommes à tout faire, pour à couvrir les principes tout en tendant la main.

Mais, continuons l'analyse du système de suffrage régnant. Que devient la fameuse volonté générale à laquelle l'*homme-nature* sacrifie sa liberté? ceci : Y... a été nommé par 5640 voix contre X... qui en a 5632. Pourquoi Y... plutôt que X...?

Si c'est le triomphe d'une opinion, l'écrasement d'une idée par le nombre, c'est là le *væ victis*, la barbarie; si c'est la lutte de deux hommes, cela tient du *steeple-chase*. Le suffrage universel n'a pas été imaginé dans ce but, mais bien pour traduire les opinions ou représenter les intérêts de l'universalité des citoyens. Dans tous les cas, 11227 citoyens se sont dérangés et Y... est l'élu de 8 voix, car tel est le rapport du vote à la masse.

S'il est vrai, en effet, que 5640 citoyens voulussent d'Y..., il est tout aussi certain que 5632 autres citoyens ne voulaient pas de lui et qu'il y a un contingent indéterminé d'électeurs qu'il n'intéresse même pas.

Toute l'habileté du système jacobin consiste à faire de la loi des majorités un principe, et de la domination exclusive et absolue des minorités un fait. Ils obtiennent et ne conservent le pouvoir que par un véritable escamotage de l'opinion au moyen d'un système de suffrage véreux. Le peuple continuellement volé se lasse, il ne vote plus, mais il croit encore ; il sent bien la fraude, mais il ne l'aperçoit pas. Il sait que le suffrage universel est sa chose, mais, dupe d'un trompe-l'œil, il ne voit pas encore l'escamotage qui la lui ravit.

Revenons à la loi morale, celle que l'État professe et qu'il reconnait par conséquent. Au devoir du citoyen de voter, correspond, avons-nous dit, le droit qu'il a d'être représenté, c'est-à-dire d'exprimer son opinion par la voie du député. Il n'y a qu'un moyen de le faire, par un mandat.

Au devoir du citoyen de voter correspond donc le devoir du député, non seulement de voter lui-même et dans toutes les questions, mais encore de voter suivant l'indication de l'électeur. Tel est le contrat résultant de la loi morale.

De ce contrat, où est la sanction ? Nulle part.

De ce fait, qu'aucune responsabilité n'attache les votes du député, résulte cet autre fait, que le citoyen n'a aucune garantie vis-à-vis des actes du gouvernement. De là, toutes les catastrophes.

Le député a quatre ans devant lui, case dix parents, place cent amis, en bon apôtre du népotisme, et en exécution d'un contrat électoral toujours tenu, celui-là, car il s'agit de sa réélection, et il s'en va souvent riche ou plus riche, récompensé de ses votes par le gouvernement, grand distributeur de concessions, faveurs, et privilèges.

Comme l'a remarqué, il y a trente ans, Proudhon, le gourvernement s'est fait concesseur de mines, de canaux, de chemins de fer, de décorations, comme avant 89 la cour distribuait les prébendes, les bénéfices, les capitaineries, les titres. Quand nous disions que le jacobinisme, c'était la monarchie !

Et quel merveilleux instrument de corruption que ce budget de quatre milliards, qui entretient neuf cent mille fonctionnaires et une machine administrative toujours au service des candidats du pouvoir ! Comment s'étonner qu'en France les élections soient toujours favorables au gouvernement régnant, jusqu'au jour fatal où arrive une catastrophe. La cause en est là ; car si le système était honnête, comment expliquer l'antagonisme constant et irrationnel de l'opinion publique et du gouvernement issu de l'assemblée, issue elle-même du suffrage universel ?

Pourquoi des révolutions tous les vingt ans ?

La vérité est que le suffrage universel, sorti tout armé du cerveau de Rousseau, comme tout ce qui nous gouverne en ce moment-ci, n'est qu'une bataille d'intérêts, dont le gouvernement est l'enjeu. Le député étant le représentant d'intérêts particuliers, égoïstes et par conséquent contraires, est annihilé au point de vue général.

Le père du système l'avait tellement prévu qu'il dit : « Rien n'est plus dangereux que l'influence des intérêts privés dans les affaires publiques et l'abus des lois par le gouvernement est un mal moindre que la corruption du législateur, *suite infaillible des vues particulières.* » De la démocratie, p. 284.

Rien n'est aussi plus exact ; c'est ce que nous constatons à chaque nouvelle législature, et il en sera ainsi tant que le système durera, parce que, selon la profonde parole de Chateaubriand : « D'autres hommes ne sont pas cachés derrière les hommes actuels : ce qui frappe nos yeux n'est pas une exception, c'est l'état commun des mœurs, des idées et des passions, c'est la grande et universelle maladie d'un monde qui se dissout. »

Ce qu'il faut changer, ce ne sont pas les hommes, peine inutile, c'est le système, car, pour employer les paroles mêmes de Rousseau, voici son corollaire obligé : « Moins les volontés particulières se rapportent à la volonté générale, c'est-à-dire, les mœurs aux lois, plus la force réprimante doit augmenter. »

Nous la connaissons la force réprimante ; combien de fois en ce siècle a-t-elle ensanglanté les rues de la capitale et fait couler le sang français ? Il faut au contraire tenir compte avec le plus grand soin des volontés particulières et abandonner Rousseau à ses pétitions de principe, car ce ne sont pas les lois qui font les mœurs, mais les mœurs qui font les lois.

Les mœurs résultent de la race et du sol, dont l'influence est bien autrement grande que toutes les lois de fabrication humaine. C'est pourquoi au *con-*

trat social nous opposons le *contrat national*, que nous appelons ainsi, parce qu'il est d'accord avec la vérité historique, dont le criterium réside dans les lois d'évolution particulières à notre pays.

Il est nécessaire toutefois de sortir de l'état précaire dans lequel nous vivons et de quitter ce cul-de-sac de l'unité où nous nous débattons ridiculement, et où nous finirons par rester, si cela continue. En attendant, et comme pour compliquer la situation, on ajoute encore la corruption au désarroi. Le scrutin d'arrondissement n'étant plus jugé suffisant pour fausser l'opinion, on a recours celui dit *de Liste*, pour diminuer les frais du candidat, augmenter l'embarras de l'électeur et le livrer de plus en plus aux intrigues des comités. On maquignonne les listes en escomptant d'avance les résultats du scrutin. La responsabilité diminue encore et l'anonymat augmente; les compromissions avilissent l'individu et déshonorent les partis. Le moins de responsabilité, et le plus d'anonymat possible, tel est le but des aigrefins de la politique et pour l'atteindre il n'est pas de moyens qu'ils n'emploient. Il importe néanmoins de les dévoiler pour qu'on puisse arriver enfin à un mode plus équitable de l'expression du suffrage, dans un pays où le suffrage est le fondement du système politique et constitue l'essence même du gouvernement.

Il est évident qu'aussi longtemps que le principe exclusif de la loi des majorités dominera le suffrage universel, il ne saurait y avoir pour le pays de représentation, au sens véritable de ce mot. Le procès que nous venons de faire à ce sujet au scrutin d'arrondissement n'est pas à refaire pour le scrutin de liste; que la bataille des intérêts et l'exploitation des naïfs aient lieu sur un nom ou sur plusieurs groupés en liste, il n'y a là rien qui modifie le vol dont la masse est victime; mais, quand un parti aux abois voit sa situation compromise par quatre années de législature éhontée, c'est surtout à ce second mode de scrutin qu'il a recours pour la sauver, surtout s'il est maître du gouvernement.

L'électeur prévenu le plus tard possible est embrouillé autant qu'on peut l'être et se trouve livré sans défense aux compétitions qui l'assaillent de tous côtés. Il n'y a point d'autre parti pour lui que de voter la liste qu'on lui présente sous un vocable généralement avancé pour les grandes villes et modéré à l'usage des départements. Le pavillon est censé couvrir la marchandise qui partout est frelatée; c'est le triomphe universel de la médiocrité.

Cela va de soi; l'adoption d'un système qui n'a pour but que l'avantage du candidat ne peut être que nuisible à l'électeur destiné par grâce d'état à être desservi. L'intérêt des deux parties n'est point le même et les avantages du candidat sont ici de toute sorte. Les promesses faites à l'électeur sont plus générales, et le gouvernement en devient l'exécuteur responsable, au nom même des candidats élus; l'administration est moins tiraillée par des questions de personnes et elle obéit plus aveuglément au gouvernement qui la paie. Devant la grève de l'électeur et l'hostilité de son vote, il devient plus facile de le lui extorquer.

Pour ce qui est du fond même du système, il est identique; aucune sanction n'assure l'exécution du mandat, la représentation des minorités est non avenue, et le mépris de l'abstention, au point de vue de la *quotité représentative*, est absolu. C'est le suffrage le plus favorable aux politiciens, par cette raison que la politique étant faite de compromis il est nécessaire que le suffrage qui l'entretient soit fait de compromissions. La confection des listes prépare déjà la constitution des majorités parlementaires, organise l'embrigadement.

Le seul lien moral qui rapproche les électeurs et les candidats est constitué par les comités et par la presse ; dans les départements les plus vastes ou les villes les plus denses, il n'en est pas d'autre. Il en résulte que l'électeur est livré, pieds et poings liés, aux intrigues des comités ou aux coalitions des journaux.

Les noms se discutent, les intérêts se débattent, les vanités se font jour, et finalement une liste est adoptée d'où sont éliminés tous les hommes de caractère, puisqu'en principe les compromissions sont admises, et, dont le programme suffisamment édulcoré ne contient aucun article défini et ne lie personne, puisqu'il s'agit de nuances diverses, et d'un pacte tout éventuel. Tout cela s'est passé à huis clos ou est combiné d'avance. Le jour de l'élection arrive, et la question de parti primant toutes les autres et non point celle de principe, ainsi que nous le verrons, l'électeur nomme sur la foi des comités ou sur l'invitation des journaux des candidats qu'il ne connaissait souvent pas huit jours auparavant. Il est dupe d'un véritable abus de confiance.

Nous avons vu que sous le régime du scrutin d'arrondissement la personne du candidat influait trop sur le jugement des électeurs et que le député lui-même étant la résultante de forces contraires, d'intérêts égoïstes, se trouvait annihilé au point de vue général. Le scrutin de liste donne lieu à une constatation analogue et toute aussi décevante; ici, les questions de principes s'effacent devant les questions de partis, en somme devant des intérêts comme précédemment, et si les noms disparaissent sous une sorte d'apparence collective, il n'en est point de même des intérêts, qui sous le couvert d'un parti s'exercent bien plus encore au détriment de l'intérêt général.

Programme et parti servent de véhicules à des convoitises qui se font ainsi anonymes pour plus de sécurité, c'est le but, avons-nous dit, qu'on se proposait d'atteindre. Tel qui poursuit de longue date la satisfaction de ses appétits ne veut pas donner l'éveil à l'électeur devenu défiant et dissimule son projet sous le couvert d'une conviction politique. Le scrutin de liste est le champ d'opération favorable à cette sorte d'individus; il protège des syndicats d'intérêts d'où toute question de principe est exclue. Ainsi le veulent la coalition d'où la liste est sortie et les obligations tacites contractées vis-à-vis des partis en présence ou du gouvernement.

Que résulte-t-il de là? Comme les principes sont l'honneur et, en somme, la seule raison d'être des partis, puisqu'ils constituent la concurrence en matière politique et sont par cela même l'agent le plus actif du progrès social, l'ajournement de toute réforme découle de cet état de choses qui laisse toujours ouverte l'ère des révolutions. L'étonnement, qui se manifeste souvent d'en voir encore en notre pays de suffrage universel, provient simplement de l'ignorance où l'on se trouve du fonctionnement de ce suffrage ou plutôt de sa sophistication. C'est l'effet ordinaire du monopole que nous rencontrons encore ici. Le scrutin de liste permet de monopoliser les élections et le monopole de l'élection est celui qui permet au gouvernement quel qu'il soit de conserver tous les autres; c'est l'arme d'un parti qui veut garder le pouvoir, exploitation bien entendue et toujours organisée d'un peuple. C'est pourquoi nous dénonçons surtout le rôle des candidats qui lui sont agréables. Il est l'enjeu de la bataille et il jette dans la balance le poids de toutes ses corruptions. Toutes les chances sont donc pour les candidats qu'ils favorisent et c'est à eux que profite le guet-à-pens électoral.

Il ne saurait d'ailleurs en être autrement, tout se tient.

La négation de toute espèce de principes étant la conséquence du suffrage imposé par la loi, c'est-à-dire par ceux-là mêmes qui la font et qui l'exploitent, comme nous venons de le voir, il en résulte que le principe même du gouvernement ne peut jamais être mis en question.

Ce pays est condamné sans appel possible au régime parlementaire.

Le suffrage tel qu'il est exercé est un des ressorts du gouvernement, il en fait partie pour la durée du régime. Le vote de l'électeur ne pouvant s'exercer que sur un nom ou sur un parti, il ne devient lui-même qu'une machine à voter. Si on lui donne le scrutin d'arrondissement, il sait bien *pour qui* il vote mais non *pour quoi;* si on l'oblige au scrutin de liste, il sait *pour quoi*, mais non *pour qui.* Pas d'autre alternative qui lui soit permise, le monopole l'étreint de toute façon et le principe même du gouvernement échappe au jugement du peuple qui se trouve, une fois de plus, rejeté dans la voie des révolutions, la plus ouverte en France de toutes les voies.

Le suffrage universel ainsi pratiqué devient un baillon qui étouffe toutes les réclamations de la nation devant une situation que les transformations économiques et sociales de chaque pays empirent tous les jours, tandis que l'évolution continue des formes politiques nécessiterait de continuelles modifications. Loin de justifier son but, qui est de les traduire, il les empêche. Nous nous trouvons, de ce fait, en présence de deux forces qui, au lieu de s'adjoindre, se combattent; d'un côté, le monopole, agent de coercition, de l'autre, la transformation, agent d'expansion. Il ne peut se produire qu'une rupture, elle s'appelle la révolution. On sait que cette rupture s'opère toujours dans le sens du progrès, mais elle est toujours coûteuse en capital humain et en argent et elle fait perdre une bonne partie de ce que donneraient les mêmes forces vives employées à la produire, si elles s'appliquaient à une transformation pacifique. Le suffrage universel a précisément pour but d'empêcher ces pénibles commotions.

Pour arriver à un résultat si particulièrement heureux, que faut-il donc faire? Le scrutin de liste et le scrutin d'arrondissement ayant respectivement leurs qualités et leurs défauts, il s'agit simplement de corriger les défauts de l'un, par les qualités de l'autre. Le scrutin de liste, ne prêtant pas autant à la corruption, en raison de l'étendue des surfaces et du nombre des électeurs, il paraît préférable de le prendre comme plate-forme.

Pour ce qui est du chiffre des représentants, le système qui le rapporte à la densité de la population paraît irréprochable; on peut seulement discuter la proportion de ce rapport pour que la représentation soit aussi peu coûteuse que possible; mais, le nombre des députés attribué à chaque département une fois fixé, il est un point très important, négligé jusqu'à présent, sans lequel il ne saurait y avoir de représentation possible.

Que la population varie, le résultat du scrutin n'en saurait être affecté outre mesure, il n'en est pas de même si l'inscription électorale annuelle éprouve de nombreuses variations. S'il y a les abstentionnistes du *vote*, il y a aussi les abstentionnistes de *l'inscription*, et pour ceux-ci il n'est pas encore de système qui permette de les compter.

L'inscription d'office s'impose donc, le plus tôt

possible: elle est pratiquée pour la conscription et c'est elle qui remplit les rôles des contributions; elle assure la défense du pays et elle préside au recouvrement de l'impôt; bien plus encore a-t-elle sa raison d'être au point de vue électoral, puisque le sort du conscrit et les charges du contribuable dépendent, en somme, du vote de l'électeur.

Ce principe admis, il devient facile d'obtenir une représentation aussi exacte que possible de l'état des partis, du mouvement des opinions, et un critérium certain de l'agitation politique, économique et sociale du pays.

Si nous laissons de côté les questions de détail pour nous en tenir au fond, il nous parait que tout bon système de suffrage doit répondre à ces conditions. Il faut faire en même temps la part de l'individualisme, représenté par le candidat — (*scrutin d'arrondissement*) — et, laisser à l'électeur le choix du parti — (*scrutin de liste*) — en assurant de toute façon l'intégrité des principes.

Ces conditions nous les obtenons en apportant les modifications citées plus haut au système de suffrage pratiqué jusqu'ici. Ce sont précisément, on ne saurait trop le répéter, la représentation des minorités, la stricte obligation du mandat et la reconnaissance effective de l'abstention, celle-ci représentant la soupape de sûreté par où pourra s'échapper le mécontentement des électeurs, qu'il vise la forme du gouvernement ou sa direction politique, qu'il atteigne les partis en présence ou les candidats.

La stricte obligation du mandat contiendra les

écarts des représentants sur le terrain des principes, et l'abstention, cette arme de l'électeur, y maintiendra les partis.

La reconnaissance du droit des minorités, accordant la quotité représentative proportionnelle à chaque liste, sauvegarde tous les principes, tandis que la suppression des candidatures multiples en assurera l'intégrité, autant qu'il est possible. L'électeur aura ainsi un moyen d'avertissement que le gouvernement ne saura négliger et que les candidats sauront mettre à profit.

D'autres raisons nécessitent encore la reconnaissance de l'abstention. On vient d'augmenter une fois de plus le nombre des députés, et, il n'est pas de scrutin où ne s'affirme la progression constante des abstentionnistes. Ainsi fera-t-on cesser cette situation singulière où le nombre des députés augmente tandis que celui des électeurs diminue.

La reconnaissance de l'abstention, quelles que soient ses causes, pourra s'obtenir de la manière qui suit.

Si, après avoir fait la part des diverses causes d'empêchement probable, en général les mêmes partout, on retranche du nombre des électeurs inscrits, le nombre des électeurs qui auront pris part au vote, la différence ainsi obtenue devra amener la suppression d'un ou plusieurs députés, selon la proportion qu'elle atteindra. Il se peut, d'ailleurs, qu'il n'y ait pas lieu à suppression, si l'abstention n'atteint pas la proportion établie. Voici comment cette proportion se pourra fixer.

Chaque département ayant un nombre de députés déterminé par sa population même, il est évident que le vote ne saurait en aucune façon modifier ce nombre connu à l'avance. Il n'en est pas de même du résultat du scrutin, qui seul indique la proportion des abstentionnistes. Cette proportion exprimée numériquement devra se traduire de la même façon, au point de vue de la quotité représentative. Il n'est rien de plus facile que d'obtenir ce résultat.

Si nous départageons le nombre des électeurs inscrits dans un même département, en autant de fractions égales qu'il y a de députés attribués par la loi à ce département, nous aurons ainsi des cinquièmes, des dix-huitièmes, des vingt-cinquièmes de députation selon que le département aura cinq, dix-huit ou vingt-cinq députés. Si dans celui-ci l'abstention atteint un chiffre qui représente deux de ces vingt-cinquièmes, ce département avant toute autre espèce de répartition des voix ne saurait, d'ores et déjà, avoir plus de vingt-trois députés.

L'abstention ainsi représentée, le même système s'appliquerait à la représentation des partis. Celui-là aurait huit députés, dont le nombre de voix obtenues atteindrait huit vingt-cinquièmes, et celui-ci n'en aurait que quatre qui aurait seulement obtenu quatre de ces vingt-cinquièmes. Il se pourra que le scrutin fournisse fréquemment un certain nombre de fractions d'unités inégales entre elles, soit qu'elles n'atteignent pas le nombre fixé pour l'*unité représentative*, soit qu'elles forment le surplus de listes qui, par le fait de l'attribution à chacune d'elles des *unités* qu'elles ont déjà obtenues, assurent immédiatement l'élection d'un ou plusieurs de leurs candidats. En adoptant cette fois la règle des majorités, car, c'est la seule ici qui puisse faire loi, et en conservant l'*unité représentative* comme commune mesure, nous arriverons très simplement à traduire les résultats du scrutin.

Qu'est-ce que l'*unité représentative* telle que nous l'entendons ? C'est un rapport qui assure la consécration du droit des minorités, en permettant d'attribuer à chaque liste une part de représentation proportionnelle aux suffrages que le scrutin lui a donnés. C'est donc à l'*unité représentative* qu'il faut avoir recours, toutes les fois que le scrutin ne se prononce pas d'une façon formelle.

Dans la question qui nous occupe nous n'aurons qu'à procéder ainsi. On rangerait toutes les fractions inégales, qu'elles fussent constituées par des unités incomplètes, ou par le surplus d'unités préalablement défalquées des listes plus favorisées, dans l'ordre de leur importance numérique décroissante, *sans y comprendre l'abstention;* et, un conseil élu, composé de membres pris dans tous les comités de listes ou constitué de toute autre façon avec les garanties désirables, proclamerait l'élection des ayant-droit jusqu'à ce qu'on ait atteint le chiffre des députés qu'il appartient au département d'élire encore. Les ayant-droit seraient légalement pris dans la portion de liste qui l'emporte numériquement sur les autres et dans l'ordre où le suffrage les a placés sur cette même liste ; toutefois, s'ils avaient tous le même nombre de voix c'est le rang ordinal qu'ils occupent sur leur liste qui déciderait de leur élection.

Le principe admis, ces questions sont secondaires et très probablement une juridiction sortirait de l'usage adopté généralement. Il ne saurait s'élever avec ce système d'autres discussions que des discussions de chiffres, et tous les comités placés à ce point de vue sous la tutelle les uns des autres, et par cela même garantis contre les fraudes, auront intérêt à ce que les chiffres soient rigoureusement établis et respectés.

Avec ce système les partis les plus faibles, ceux qui n'ont même pas pu atteindre le chiffre de voix fixé pour obtenir une *unité représentative*, ont des chances d'être représentés, et les majorités elles-mêmes jouiront de leur puissance numérique tout entière.

Nous satisfaisons également aux conditions citées plus haut. Les frais entraînés par le scrutin, réduiraient les partis à leur unique raison d'être, aux principes susceptibles d'engendrer dans les masses des courants sérieux. Ces principes ne dépendent point du caprice d'un homme ou des manœuvres de quelques-uns, ils arrivent et s'en vont de même, on n'en saurait faire prendre d'artificiels; là, comme dans la nature, il faut un terrain propice. Les partis ne sauraient présenter, de plus, un nombre de candidats qui dépasserait le chiffre de la députation tout entière, ils n'y auraient aucun intérêt et vraisemblablement ils arriveraient peu à peu à la prévision exacte du nombre de représentants que leur réserveraient les chances du scrutin.

La part de l'individualisme est suffisamment réservée en ce sens que le classement des candidats s'effectuant, d'après le nombre des voix obtenues par eux sur la même liste, ceux-ci devront leur rang de liste à leur mérite personnel et les partis auront tout intérêt à choisir les hommes qui les honorent le plus, par leurs capacités et l'estime qu'ils inspirent. L'intérêt du candidat se confond ainsi avec l'intérêt du parti, l'électeur restant juge à la fois de l'homme et du principe.

Il va de soi qu'un même candidat ne saurait se trouver sur deux listes à la fois, car ce cumul électoral équivaudrait à une candidature multiple et, de plus, le principe même du scrutin de liste serait ainsi violé. La consultation du suffrage s'exerce sur des listes patronées par des partis, lesquels se réclament de principes représentés par des hommes, il est vrai, mais ceux-ci s'offrent au suffrage, comme la personnification vivante de ces principes et non point parce qu'ils portent tel ou tel nom.

Ce n'est point un groupe d'individus agissant isolément qui s'adresse aux électeurs, c'est un certain nombre d'hommes, qui réunis par le prosélytisme d'un principe, se groupent pour l'incarner et le présentent au jugement de leurs concitoyens, après l'avoir formulé, comme ils l'entendent, mais sous un vocable déterminé et dans un programme défini.

Dès ce moment, cet être collectif devient une personne morale, une personnalité civile; comme tout ce qui appelle le déploiement de l'activité humaine, le programme qu'il a signé l'engage; il ne peut être permis à qui que ce soit d'en aliéner tout ou partie; le groupe devient un individu, il ne peut se dédoubler. Il se présente devant le scrutin de liste, dans les mêmes conditions qu'un candidat devant le scrutin d'arrondissement; on n'admet pas qu'avec le système du scrutin d'arrondissement, la même personne puisse représenter deux circonscriptions à la fois; il est inadmissible qu'un même individu représente deux principes. L'homme ne peut pas plus se dédoubler au point de vue moral qu'au point de vue physique, et le principe doit être pour la liste ce que la circonscription est au scrutin d'arrondissement; car, si les listes personnifient autre chose que des principes, elles n'ont pas de raison d'être, et tout autre conception de ce mode de suffrage aboutirait, comme il arrive pour le scrutin de liste ou le scrutin d'arrondissement fonctionnant séparément, à des compétitions de personnes ou à des syndicats d'intérêts.

Les deux modes de suffrages précités ont chacun, avons-nous dit, leurs inconvénients et leurs avantages, le but à atteindre est de corriger les uns par les autres, et le moyen d'y arriver consiste à supprimer leur inconvénient commun, qui est de ne point sauvegarder l'intégrité et la sincérité des principes. La cause en est pour l'un, à la prédominance des influences personnelles et locales, et pour l'autre, au cumul électoral et au fusionnement de listes qui amènent de toute façon la confusion et l'escamotage des principes. Si le scrutin d'arrondissement favorise trop les influences locales, le scrutin de liste lui enlève ce qu'elles peuvent avoir de bon et tous deux ont pourtant leur raison d'être, même au point de vue des principes dont la représentation doit dominer tous les systèmes de suffrage.

En somme qu'est-ce qu'un principe? C'est le symbole de certains phénomènes moraux.

Dispersés sur des espaces diversement limités par la nature et divisés par des intérêts particuliers, les hommes ont compris qu'il y avait un intérêt collectif à rechercher les sentiments communs, les liens moraux qui pouvaient les unir : ils ont pensé à se reconnaître politiquement. De ce besoin d'être en communauté d'idées est né le suffrage ou plutôt l'idée d'exprimer leurs opinions par voie de suffrage. C'est ainsi que le suffrage universel est devenu le fondement de tout le système politique, car, là où il y a cent hommes réunis, il y a une question politique. Elle se traduit par la diversité des opinions, qui se rattachent elle-mêmes à des phénomènes moraux, dont les principes ne sont que l'expression abstraite. En bonne politique, c'est donc bien les principes qu'il importe de connaître. Comme ces sortes de phénomènes relèvent à la foi des conditions et des milieux qui sont divers et variés, il en résulte que si la représentation des principes est le but du suffrage, l'expression de leurs diversités doit en être la conséquence. Les moyens qui permettent de les exprimer doivent donc dériver de ces deux considérations, et comme ces principes empruntent à leur origine collective, un caractère nécessaire et par conséquent moral, il importe qu'ils se produisent, non seulement librement, mais intégralement, et, en morale cela signifie avec intégrité ; c'est dire qu'un même individu ne saurait représenter plusieurs principes et par conséquent se trouver sur plusieurs listes. En assimilant la liste à une circonscription électorale que faisons-nous, en somme, si ce n'est composer un système qui ait à la fois les avantages du scrutin d'arrondissement et du scrutin de liste ? Nous appliquons simplement au fonctionnement du scrutin de liste le principe du scrutin d'arrondissement transporté du domaine *géographique*, où il est trop exclusif, dans le domaine *moral* où il s'élargit comme les principes mêmes qu'il est chargé d'exprimer. De la sorte les principes passent au-dessus des influences locales : c'est le but du suffrage et le résultat du scrutin de liste que nous atteignons ainsi, mais, il est tenu compte aussi de ces influences, puisque tous les principes peuvent se produire intégralement selon les idées, les caractères et les aspirations des contrées : c'est la conséquence du suffrage qui relève ainsi des diversités, obtenue par les moyens du scrutin d'arrondissement.

S'il en était autrement, c'est-à-dire, si on admettait la fusion des listes, nous retomberions dans les intérêts individuels, nous reviendrions à l'absorption de l'intérêt général par les intérêts particuliers et nous n'aurions plus le scrutin de liste corrigé par le scrutin d'arrondissement, mais bien le scrutin d'arrondissement dans le scrutin de liste. Loin de se combattre, leurs désavantages communs ne feraient ainsi que s'ajouter, au continuel détriment des électeurs dupés. C'est à ce système que nous devons ces parlements remplis d'incapacités.

Comme on ne saurait toutefois obliger l'électeur à accepter une liste tout entière, il faut prévoir que tous les candidats d'une même liste n'auront pas le même nombre de voix. Il devient, dès lors, difficile, dira-t-on, de répartir entre les différentes listes les députés qu'elles auront fait élire, lorsque les éléments mêmes de cette répartition deviennent variables.

S'il est évident que sur une même liste ceux-là doivent être les premiers élus qui ont obtenu le plus de voix, il sera équitable que la répartition des députés entre toutes les listes se fasse d'après le chiffre de voix le plus bas obtenu par chacune d'elles. C'est le jugement même de l'électeur qui ici encore fait loi, et l'individualisme qui parait s'annihiler dans le scrutin de liste en reçoit là, positivement et négativement, une importance méritée. On peut encore prendre comme répartition, la moyenne des voix obtenues par chaque liste.

Ce n'est pas là une difficulté.

Enfin, *l'unité représentative* qui est l'unité légale, agissant comme le meilleur des régulateurs, devient l'unique arbitre et décide du résultat définitif, sans qu'une erreur puisse se produire, ni qu'une contestation puisse s'élever. Il n'y a qu'à se rappeler ce que nous avons dit au sujet des fractions inégales, pour comprendre que les manifestations du suffrage universel seront ainsi traduites fidèlement et enregistrées avec la régularité d'une machine.

Le succès d'une liste dépendra pour beaucoup du choix heureux de ses candidats, condition qui favorisera surtout la production de toutes les supériorités, à quelque titre que ce soit; et, les électeurs auront tout intérêt à discuter les candidatures et à voter uniformément la liste entière de leur parti. Ce même intérêt les amènera à se déranger, comme citoyens, s'ils veulent que leur département jouisse dans le parlement d'une influence proportionnelle à sa population et à son importance nationale, comme prosélytes d'un homme ou d'un parti, s'ils tiennent à faire triompher l'un ou l'autre.

L'intérêt que l'électeur prendra à la chose publique augmentera en raison directe du sentiment de sa responsabilité.

Il n'y a que les sélations de la liberté pour aider au développement de la personnalité humaine et à l'accroissement de l'effort social, ces deux éléments inséparables du progrès, qui résulte ainsi naturellement de la concurrence des idées, des intérêts et des passions. La manière, dont les candidats élus rempliraient leur mandat, serait la meilleure garantie de leur réélection et constituerait un excellent moyen de propagande pour leur parti.

Il appartiendrait toutefois à la loi d'assurer la sincérité des principes et de prévenir la duplicité des hommes, en apportant à l'exécution du mandat une sanction indispensable. Responsable devant son parti ou son comité élu, le député ne pourrait se soustraire aux obligations contractées et devrait, s'il le fallait, justifier sa conduite. Les discussions qui pourraient s'élever ainsi, feraient l'éducation politique du peuple en tempérant ce que le mandat impératif aurait de trop absolu.

S'il faut faire, en effet, la part de l'individualisme, pour ce qui est de l'amour-propre et des intérêts, il est bien plus utile encore de le ménager au point de vue des opinions. Un homme peut souvent avoir raison contre tout un peuple, cela s'est vu, et, il n'est pas de meilleur stimulant au bien que l'indépendance; elle est l'âme même des supériorités. Si le peuple recherche son indépendance, il n'a pas intérêt à la proscrire chez ceux qu'il est appelé à élire. Il irait ainsi à l'encontre du but qu'il se propose. La propension à la servilité n'est pas rare dans les démocraties, et c'est pour elles le plus rapide agent de dissolution. Le seul correctif à ce vice inhérent aux peuples démocratiques est l'indépendance, c'est pourquoi, loin de la restreindre, il importe de la favoriser, en tant toutefois qu'elle ne contrarie point les engagements formellement consentis. Aussi bien, les programmes trop absolus ne donnent pas ce qu'un vain peuple pense. Leurs inspirateurs montrent plus l'envie de bien faire qu'ils n'en ont les moyens, car, ce faisant, ils éloignent aussi bien les caractères que les capacités. La représentation des minorités, telle que nous la proposons, fait disparaître le reproche qu'a valu jusqu'à présent au scrutin de liste son caractère dispendieux qui privait de représentation les partis dénués des ressources indisponsables à toute propagande électorale sérieuse. Les frais ne seront plus faits en vain, car ce système, par sa généralité même, est profitable aux partis les plus faibles, à ceux dont les membres, disséminés dans toutes les circonscriptions, ne sauraient obtenir de représentant dans aucune d'elle et chez lesquels les dévouements pourront suppléer à l'insuffisance des ressources. De plus, elle supprime le ballotage, qui, prolongeant les élections pendant plusieurs semaines et dérangeant les électeurs plusieurs fois, fait du scrutin pratiqué encore aujourd'hui, autant une charge qu'une véritable dérision.

Ceci nous amène à examiner l'unique ressource qui reste aux aigrefins de la politique d'exercer leur fructueux métier; il s'agit encore d'une invention autoritaire qui joint à la mystification de l'électeur le dépouillement du contribuable. Nous voulons parler des candidatures multiples et de l'option. La suppression des premières entraîne de fait la disparition de la seconde, et, cette suppression s'impose.

Qu'est-ce que la candidature multiple? une manière de pébiscite, qui favorisant plutôt certains hommes leur permet d'aspirer à des destinées plus hautes que ne le comporte le simple mandat qui leur serait confié; c'est le monopole électoral organisé à l'usage des individus. Il en peut résulter un effet moral contre lequel le suffrage lui-même n'aurait plus de recours, à un moment donné; cette invention autoritaire montre, une fois de plus, l'intime parenté des prosélytes de l'empire et des Jacobins. Robespierre est la première incarnation de Napoléon et, ceux-ci sont les précurseurs de ceux-là. La candidature multiple est autant le premier échelon de la dictature, qu'une véritable injure faite au suffrage traité par les autoritaires avec une désinvolture, que le roi-soleil lui-même ne désavouerait pas. Comment! au nom de quelle raison supérieure, un homme qui a souscrit un mandat spécial, qui s'est engagé vis-à-vis d'électeurs déterminés peut-il se désister? N'est-il pas lié à eux, et peut-il substituer une autre personne à la sienne?

De ce fait, une circonscription électorale est exposée à élire un candidat dont telle autre n'aura pas voulu, soit qu'il ait précédemment trahi son mandat, soit que sa personnalité connue n'ait éloigné de lui ses concitoyens ou bien encore que son parti n'ait pas ou n'ait plus la majorité en cette circonscription. L'intérêt personnel s'exerce ainsi au détriment de l'intérêt général avec une indécente effronterie. Il y a tromperie à la fois sur l'objet et sur le sujet, et le mécanisme de l'option montre mieux que tout autre fait, à quel point le principe même du suffrage est ouvertement violé.

Si, par le fait d'options répétées se produisant dans le même département, ce département se trouve appelé à une autre consultation, il aura élu ainsi plus de députés qu'il ne lui en est réellement attribué par la loi, car, la première fois il en aura nommé le nombre voulu, et l'élection de ceux qui deviendront ses élus supplémentaires ne lui est imposée ni par les chances du scrutin, ni par la nécessité de les remplacer, mais, par la défection et le bon plaisir de ses mandataires.

De plus, cette nouvelle expression du suffrage fausse le résultat général. S'il n'y avait encore que le superbe dédain dont on l'accable, après l'avoir exploité, l'électeur s'en consolerait facilement, puisqu'il est condamné sans appel possible cette fois au régime parlementaire, mais chacun de ces dérangements est très-coûteux, et s'opère aux dépens des finances du département, en somme, du contribuable. L'indemnité du député est souvent ainsi plus que doublée. Appartient-il à quelques hommes d'imposer à leurs concitoyens des dépenses, qui leur sont personnellement imputables? et, dans quelle situation ces véritables clients se trouvent-ils vis-à-vis de ceux de leurs collègues de l'assemblée, qui leur ont cédé leur place? Celle de la dépendance la plus entière. Enfin, si l'on considère que les votes de l'électeur lassé se raréfient à chaque tour de scrutin, peut-on dire que les élus du troisième tour sont députés au même titre que ceux du premier, quand les premiers n'ont souvent pas le tiers des suffrages de ceux-ci. Le suffrage ainsi pratiqué ne devient plus que le jouet de quelques hommes et l'instrument d'un parti. Ce n'est ni le suffrage universel, ni le suffrage restreint, c'est l'exploitation d'un peuple tout entier livré par la loi au bon plaisir des meneurs de la politique, et la loi n'est que la règle imposée au peuple par la classe au pouvoir. Il est inutile dans ces conditions de procéder au renouvellement de la représentation et de fixer un terme à la durée de la législature; les hommes pourront changer, sans que les changements d'opinion survenus dans la masse des électeurs puissent se traduire d'une façon appréciable. On constatera toujours la direction d'un courant dans un sens ou dans un autre, mais ce courant sera endigué, aussitôt la réunion de l'assemblée qu'il a amenée. Il ne restera, comme toujours, que la rupture des digues, cette ressource inévitable d'un peuple mis en coupe réglée, exploité jusque dans son vote.

Nous en avons fini avec les inventions autoritaires ; si les moyens et les procédés n'ont pas changé, il est juste de reconnaitre que les hommes sont les mêmes. On peut à travers l'histoire suivre leurs incarnations successives; on les rencontre partout où il y a quelque bassesse à commettre, quelque exploitation à pratiquer, quelque trahison en perspective. Menue monnaie des Jacobins, pastiches de Robespierre, ils suivent la tradition. La longanimité de ce peuple, continuellement exploité, ne saurait les rassurer, ils se cachent pour malfaire et au besoin pour fuir. Telle est la raison de ces groupements où la responsabilité individuelle disparait devant la solidarité des partis, qui se succèdent au pouvoir, en se rejetant les uns aux autres les fautes commises ; où, sous prétexte de nécessités disciplinaires, le représentant aliène sa liberté, où, l'individu cède le pas à l'espèce.

Si la mise au pillage de l'État, la dilapidation des finances, l'apreté au gain et la satisfaction effrénée des appétits se trouvaient compensées chez ceux qui dirigent par une hauteur de vues, une habileté dans la direction, des sentiments de grandeur, un patriotisme réel, encore pourraient-ils racheter en partie l'oppression d'un pareil tribut. Il n'en est rien. En face des sourdes colères provoquées par la misère et des pensées atroces que suscite l'iniquité sociale, il n'y a place que pour la lâcheté et l'abaissement des caractères. Qu'y a-t-il de plus infamant que la tenue de nos assemblées devant les révolutions que le régime parlementaire a provoquées depuis cent ans? Il n'a pas fallu un siècle pour qu'un régime pareil ait fait des trafiquants d'espèces des successeurs de ceux qui avaient été des hommes. Que nous sommes loin de cette époque, où un orateur fameux lançait à la monarchie traditionnelle le plus éclatant défi, qui retentit jamais sous les lambris parlementaires! C'est d'hier cependant, et si l'on fait aujourd'hui appel aux baïonnettes, ce n'est point un défi qu'on leur lance, c'est leur protection qu'on réclame. Intervention honteuse pour un pays qui serait libre! Déplorable solution aux crises de la faim! Que nous sommes loin de Danton, qui, pressé de fuir, pour échapper à la vindicte de Robespierre répondait fièrement : « Qu'on n'emportait pas sa patrie à la semelle de ses souliers », et, de cette admirable Gironde qui lutta jusqu'au supplice, pour arracher la France aux mains de ceux qui lui prenaient sa liberté. Danton et la Gironde, c'est la constitution de 93, c'est le gouvernement direct, c'est le peuple, gardant par devers lui-même le soin de ses destinées et ne déléguant à qui que ce soit la mission de le gouverner. « Montre ma tête au peuple, *elle en vaut la peine!* » disait à l'exécuteur Danton, de sa voix la plus forte, résonnance terrible d'une âme gigantesque.

« Qu'avez-vous fait pendant la Terreur? » « *J'ai vécu,* » soufflait Siéyès rendu aux trois quarts aphone par les terreurs vécues, et Robespierre jeune se fracassait la mâchoire en fuyant de la pièce où l'on venait l'arrêter. Mais, Siéyès est le premier collaborateur de Robespierre, il est l'inspirateur et le valet de Napoléon et l'auteur de cette constitution de 91, laquelle a servi de modèle à toutes celles qui nous ont enchaînés depuis ; mais, Robespierre et les Jacobins, ce sont les disciples de Rousseau, c'est la dictature des assemblées. Robespierre est l'avocat, le sophiste qui paraphrasait Aristote, proclamant la nécessité de l'esclavage, parce que « les hommes libres, disait-il, ont besoin d'être oisifs pour pratiquer la vertu et exercer les fonctions du gouvernement, » (*Morale*, L. XII, chap. 3).

« Ne voyez-vous pas, discourait Robespierre, que ce projet ne tend qu'à détruire la Convention elle-même (il s'agissait du projet de Hérault de Séchelles, qui voulait la convocation des assemblées primaires pour juger des questions d'État), ne voyez-vous pas que ces assemblées, une fois convoquées, l'intrigue et le feuillantisme les détermineront à délibérer sur toutes les propositions qui peuvent servir leurs vues perfides... C'est se jouer de la majesté du souverain, que de lui renvoyer une affaire qu'il nous a chargés de terminer promptement. Si le peuple avait le temps de s'assembler pour juger des procès et pour décider des questions d'État, il ne nous eut point confié le soin de ses intérêts. » La crainte du *feuillantisme!* que voilà bien les ancêtres directs de ces radicaux à qui, selon l'heureuse expression de Proudhon « le jargon révolutionnaire tient lieu d'idées ». Si ceux-ci ont une crainte, c'est celle de voir le peuple « juger les procès et décider des questions d'État » : voilà le grand mot lâché; car, ce jour-là, c'en est fini des parasites du barreau, des écoles, des ministères et du Parlement; il leur faudra travailler réellement. Leur suppression sera la meilleure sanction de leur inutilité et la démocratie dont ils se réclament ne portera plus la pénible charge de leurs appétits et celle encore plus écrasante de leur incapacité. Certes, ils en parlent de la démocratie, ils la flattent surtout pour l'exploiter, mais aucun d'eux n'entend la pratiquer. Il y eut une démocratie qui pratiquait le gouvernement direct, c'était la démocratie grecque, mais de celle-ci ils ne parleront point, parce qu'ils leur faudrait dire qu'elle avait quatre cent mille esclaves et avouer ainsi l'intime connexion de la question politique et de la question sociale.

La filiation historique est incontestable, ce sont bien là les héritiers directs des Jacobins, ils en ont conservé l'envie, la médiocrité, mais non l'incorruptibilité. Le Parlement où ils mijotent leurs petites affaires n'abrite plus qu'intrigues et conciliabules, où les pots-de-vin se discutent, se promettent et se donnent avec la complicité des ministres et où les interpellations ne sont parfois que prétexte à chantage.

C'est pourquoi, le jour où Garnier de l'Aube cria

à Robespierre : « le sang de Danton l'étouffe », il exprima dans le moment et pour l'avenir que Gironde et Jacobins se trouvent séparés par le plus infranchissable des fossés. Les Jacobins ont perdu et trahi la Révolution en fauchant la Gironde ; en frappant Danton, « ce Hun à la taille de Goth, » comme l'a appelé Chateaubriand, Danton qui, par la grandeur de sa mission autant que par l'énergie de son âme, n'eût d'égal que Vercingetorix, « le chef des cent têtes », dans l'histoire de l'indépendance nationale ; en proscrivant Rouget de l'Isle, qui, traqué comme un loup dans les montagnes du Jura parce qu'il était Girondin et fédéraliste, entendait les sicaires envoyés à sa poursuite, chanter la Marseillaise : « La Révolution en démence, a dit Lamartine, n'entendait plus sa propre voix. » Robespierre en profitait pour tramer ses perfidies et faire l'œuvre de Bonaparte.

Mais, le sang des martyrs de la liberté n'aura pas été versé en vain. Les incarnations successives des héritiers de Robespierre touchent à leur fin. Radicalisme *libéral* ou *socialiste* ne trompent plus personne. Un parti s'est formé dans les rangs populaires, jeune encore, mais qui sera puissant ; il barre la route du côté social ; du côté politique, toute alliance est impossible avec le parti de la liberté, comme elle le serait entre Abel et Caïn, et pour le problème politique, et pour le problème social, comme nous l'avons dit, et, comme on peut en donner des preuves multiples, les solutions sont connexes.

Le *Fédéralisme*, telle sera la forme politique du *Socialisme*, et *elle ne peut pas être autre*. Un seul refuge reste aux Jacobins; se jeter dans les bras de la monarchie et c'est ce qu'ils feront. Bon voyage! parce que c'est le dernier

Fatiguée d'avocats, produits de ce barreau, la seule des maîtrises et jurandes ayant survécu à la Révolution, guérie des médecins politiqueurs et lasse des médiocrités, chancres rongeurs et sans cesse renaissant, la France touche à la forme politique, terme de son évolution, la République fédérative. M. Flourens raconte qu'on conserva longtemps au garde-meuble royal un os gigantesque, que l'on considérait comme le fémur d'un de ces géants, ancêtres préhistoriques des modernes habitants de la Gaule. Survint Daubenton; il montra qu'il n'y fallait voir qu'un radius de girafe. Ainsi arrivera-t-il de la gloire des Thiers, des Favre, des Gambetta et autres avocats. De loin, c'est quelque chose et de près ce n'est rien. Ce n'est pas le talent, mais la centralisation qui les a créés. Grâce à elle, ces hommes ont pu gouverner la France et il est vraisemblable qu'on n'eut pas voulu d'eux dans leurs provinces pour gérer les intérêts de la cité. Finisse la centralisation et leur postérité est éteinte à jamais; il ne restera d'eux que le bilan de leurs crimes et de leurs fautes.

Le verbe de la bravoure française est semipersonnel, parce qu'il incarne généralement une idée. Le triomphe de l'idée, tel est le but des Français dans le courant du progrès moderne. L'idée est le produit immédiat de l'intelligence comme l'esprit en est le bouquet; elle se traduit dans les sciences et dans les arts par l'invention. Presque toutes les inventions sont françaises ; mais, peuple logique et non pratique, nous n'en profitons point et la plupart du temps, elles sont appliquées par d'autres. Sous l'empire d'une idée, le Français se bat ; elle le transporte et le mot *furie française* caractérise l'élan qu'il met à son service. Nation femelle et pitoyable aux faibles et aux opprimés, leur libération est un besoin pour elle. La sagesse des nations a formulé ainsi cet idéalisme.

Le *gesta Dei per Francos* est célèbre. « Le ciel est trop haut et la France trop loin, » disaient les Polonais, après la mort de Kosciusko ; mais, le plus bel hommage rendu à notre pays se trouve dans ces vers du plus grand poète anglais et peut-être humain, Shakespeare :

> France whose *armour conscience* buckled on,
> Whom real and charity brought to field,
> As God's own soldier ! « *King John.* »

Ce que Lamartine, à son insu, a traduit merveilleusement dans cette phrase : « Quand la Providence veut qu'une idée embrase le monde, elle l'allume dans le cœur d'un Français ! »

La Révolution a proclamé, non point les droits du Français, mais les droits de l'homme, et jamais une idée de pillage ou de conquête n'est venue ternir sa gloire. Qu'on le veuille ou non, Napoléon n'a été que l'épée de la Révolution. Voltaire avait brisé l'autel et Napoléon renversait les trônes ; quand les peuples virent ces soldats camper dans les églises et les trônes tomber comme des capucins de cartes, ils comprirent que le principe, qui faisait de l'autel un symbole immuable et du trône un piédestal immobile, était à la merci d'un peuple révolté. Les idoles étaient brisées.

Le pillage et la rapine n'ont jamais, comme pour l'Allemagne, armé le bras de la France. « Quand l'armée de Sambre et Meuse entra à Amsterdam, dit Jomini, cette cité fameuse par ses richesses, vit avec une juste admiration, dix bataillons de ces braves, sans souliers, sans bas, privés même des vêtements les plus indispensables, et forcés de couvrir leur nudité avec des tresses de paille, entrer triomphants dans ses murs, au son d'une musique guerrière, placer leurs armes en faisceau et bivouaquer pendant plusieurs heures sur la place publique au milieu de la glace et de la neige, attendant avec résignation et sans un murmure qu'on pourvût à leurs besoins et à leur casernement (Jomini, t. VI, page 215). » De pareils hommes se levaient-ils pour dépouiller les peuples? Au prix de pareilles souffrances, ils apportaient simplement au monde la liberté politique.

La *Révolution* a dit à l'homme :

« *Tu n'obéiras pas quand même.* »

A la *France*, le *second* grand pas dans la voie de l'affranchissement humain.

Le Français n'émigre pas; peuple de *civilisation*, il reste chez lui. La faculté principale est l'*intelligence;* le sentiment social dominant, l'*égalité*. En philosophie la méthode est surtout synthétique et le raisonnement déductif.

Trois classes ont partagé, ou se partagent la nation.

La *noblesse*, dont le sentiment de caste est *l'honneur*. « L'honneur, lit-on dans *l'Esprit des lois*, est le grand ressort des monarchies. » C'est ou plutôt c'était, en principe les descendants des *Francs*.

La *bourgeoisie*, pour qui la *dignité* constitue ce qu'il y a de plus haut, en fait de sentiment ; « Paraître digne et ne rien faire », telle est, pour elle, la considération sociale ; c'est « l'*otium cum dignitate* » des Tusculanes et elle représente la descendance des Romains.

Le *peuple*, dont le sentiment intime est *l'honnêteté*.

L'évolution sociale est *collectiviste*.

Si nous avions à la représenter graphiquement nous le ferions par une ellipse.

III

L'Anglais observe, réfléchit, et fait battre les autres.

Sorte de nature réflexe, l'Anglais ne suit jamais son premier mouvement, mais toujours le second; il y a, chez lui, comme un mélange de deux sangs: le premier qui l'emporte et le second qui le calme; son âme est toujours inquiète; l'événement fortuit le surprend et le bouleverse jusqu'à ce que la réflexion vienne tempérer ce que le premier mouvement lui a causé de trouble. Le génie anglais est l'inverse du génie français, ou plutôt on peut les comparer en les inversant. A quoi faut-il attribuer ces revirements souvent immédiats? Au climat d'abord, sans doute. Un fer chauffé se refroidit à la longue, mais celà arrivera bien plus vite s'il est plongé dans l'eau froide. L'homme sous l'influence des passions s'échauffe partout, mais la glace et le brouillard surtout auront bien plus d'empire sur sa raison que le soleil.

Les questions de race doivent aussi entrer pour beaucoup dans ce revirement. Le sang Celte parle le premier et le dernier mot reste au sang Saxon. Ces raisons se présentent immédiatement à l'esprit; mais, c'est ailleurs qu'il faut chercher l'explication d'un phénomène aussi important.

Le génie Français, procédant de l'intelligence, génie simple, ou plutôt synthétique et, par cela même, tendant à la simplicité, à l'unité, saisissant immédiatement, très-déductif, ne fait qu'un bond de la résolution à l'exécution. La réflexion chez lui ne peut arrêter l'élan de la pensée, qui demande une satisfaction immédiate. C'est, comme nous l'avons vu, la *furia francese;* mais nous avons réservé, pour le relief du parallèle, un des côtés de notre caractère, tout entier contenu dans ce passage de Dion Cassius, relati aux Gaulois; il n'est guère possible d'en contester la permanente vérité. « Les Gaulois, dit Dion Cassius, sont entraînés en toutes choses par une passion désordonnée et n'ont de mesure ni dans la confiance ni dans la crainte. Ils passent de l'audace à la terreur subite et de la terreur à une folle audace. Cette frivolité de caractère fait que la victoire les rend d'un orgueil insupportable tandis que la défaite les abat. » Voilà pour nous le revers de la médaille; il convenait de le signaler. « L'homme de race latine, dit Proudhon, aime le combat et la victoire par orgueil, l'Anglais par esprit d'engloutissement. » Race idéaliste, nous aimons la gloire pour elle-même; et un Louis XIV ou un Napoléon, nous ont toujours séduits par la victoire.

Pour l'Anglais, la pensée initiatrice, qui, chez nous guide la volonté, change avec les besoins, nés du climat, de la race et du sol, et la nature de cette volonté donne, par cela même, à l'action qui en dépend, une toute autre allure.

« Le courage indomptable des Bretons, dit Macaulay, n'est jamais plus posé ni plus têtu qu'à la fin d'une journée douteuse ou meurtrière. » Nous avons déduit, quand il s'est agi de notre pays, nous procéderons par induction pour les Anglais, et de l'effet nous remonterons à la cause.

Le premier mouvement, chez le Français, décide généralement de l'action, et dans l'action, sous l'empire de l'idée, l'élan initial est tel, que s'il vient à être trompé, il s'est exercé aux dépens de l'effort nécessaire pour le triomphe final. Or, l'effort ne dispose que de forces limitées, et il doit être non seulement mesuré dans l'action, mais encore en rapport avec le but à atteindre. Si toute notre histoire vient à l'appui de l'observation de Dion Cassius, la légende de l'Ecossais jouant du *Bug-Pipe*, au milieu du carré des Scots-Greys, subissant le choc de la Garde à Waterloo, et le mot de Wellington dans cette journée mémorable, expliquent non seulement la différence des deux caractères, mais encore toutes celles qui divisent les deux peuples.

Le caractère français est fait tout entier d'*élan;* le caractère anglais, de *résistance*. L'un s'est engagé, *généreusement*, sans calculer la conséquence de l'effort, race mobile, âme femelle; l'autre attend la dernière heure, mais une fois la résolution prise, l'Ecossais du *Bug-Pipe*, est la personnification vivante de « l'*alea jacta est.* » Ce n'est plus le « *peut-être* » de Montaigne, c'est le fatalisme de Shakespeare, le stoïcisme romain; la réflexion précède l'action et la résignation la suit. Pas d'élan, ni de *gloria victis* : la résistance acharnée dans la lutte, et, avec le succès peu de triomphe, cela distrait et l'art manque pour le célébrer; mais, la réalisation immédiate et complète du résultat acquis.

Que les écrivains de chaque nation plaident respectivement le pour et le contre, cela va de soi.

Le sociologiste, lui, ne peut qu'observer, et penser, réfléchir et raisonner, induire et déduire, pour conclure, car, toute la Science sociale trouve ici même sa raison d'être. Ici et là, ce sont des hommes qui agissent et qui pensent, mus par des causes différentes mais réglées, et les faits eux-mêmes viennent à l'appui des conditions posées par Herbert Spencer.

Les préjugés doivent s'effacer.

Cette digression était nécessaire, car, nous comparons, et il n'est pas de jugement sans comparaison; comparaison, jugement, analogie et association d'idées, moyens philosophiques, sont aussi les procédés d'investigation de la Science sociale. Nous retrouverons sans doute ainsi des phénomènes qui ne sont pas particuliers à notre temps et à nos races, mais qui rentrent dans des lois générales. La différence des temps, marquée par des idées nouvelles, et la différence des races, due au climat et au sol, ne changent rien aux lois qui président à la marche de la civilisation.

Nous nous retrouvons ainsi en face de l'explication nécessitée par le caractère réflexe de nos voisins :

La réflexion ne *précède* pas la *pensée*, elle la *suit;* elle témoigne donc d'une certaine défiance vis-à-vis de celle-ci, bien qu'elle en fasse partie; mais, elle *précède l'acte*. La réflexion préside aux actes : la pensée ne coûte rien, tant qu'elle ne met pas en mouvement toutes les forces de l'activité humaine; c'est le cas de le dire, elle coule de source; mais, lorsque celle-ci domine, par contre, il peut devenir très coûteux d'abandonner la pensée à tous ses caprices. L'observation s'impose donc à l'intelligence dans tous les cas possibles; l'analyse naît de cette dispersion de la pensée, et l'induction s'impose, dès lors, comme méthode de raisonnement. La difficulté de s'élever du particulier au général est donc très grande pour les Anglais, en vertu de cette dispersion même de la pensée. Leur génie est devenu à la longue beaucoup plus analytique que synthétique, en raison de ce fait, que la pensée s'étant successivement portée avec plus d'intensité sur un plus grand nombre de points, perd beaucoup de sa mobilité lorsqu'il faut la diriger sur plusieurs points à la fois.

La décision, expression de la volonté, se ressent, dès lors, d'une méthode particulière à la pensée, méthode qui l'affaiblit et qui provient elle-même d'une pensée sujette à se mouvoir difficilement. Nous sommes ainsi conduits à admettre, que chez l'Anglais, l'activité proprement dite, domine la pensée, en un mot, que la volonté l'emporte sur l'intelligence.

Les faits, ce nous semble, viennent à l'appui de ce raisonnement abstrait; la production dépasse en Angleterre le niveau obtenu dans les autres pays, et elle constitue, à cet égard, la preuve matérielle de l'activité. Le fameux aphorisme « Times is money », la corrobore et enfin les poètes, chargés de traduire le sentiment national, s'expriment ainsi :

« Agis, agis, afin que chaque lendemain se trouve plus avancé que la veille. Voilà la mission de l'homme. » (Longfellow).

« Que l'avenir, pour brillant qu'il soit, ne te séduise pas. Agis, agis dans le présent, dans ce temps qui est et où tu vis. » (Longfellow). Les hommes et les faits vérifiant notre induction, nous en concluons :

1° Que la réflexion indique la prédominance de l'activité sur la pensée.

2° Que la discipline du cerveau façonné par l'éducation, a donné à l'Anglais un grand sens de la prévision, nécessaire, d'ailleurs, au développement de l'activité. Et, nous en déduisons :

3° L'explication du trouble provenant de toute cause qui, en dehors de cette prévision, vient déranger son activité.

4° L'énergie de l'action provenant du développement constant de cette activité.

5° Le développement de la liberté et de la raison, l'une constituant le milieu essentiellement favorable à la volonté et l'autre la dirigeant.

La divergence entre les caractères des deux races s'explique donc tout entière par une différence dans la gradation des facultés. L'intelligence domine ici, et là, la volonté, et les siècles n'ont fait qu'accentuer ces divergences ; les grands hommes des deux pays personnifient d'ailleurs, leurs qualités respectives.

En France, nous produisons Descartes, la pensée, la logique : Pascal, la pensée, l'invention.

L'Angleterre a Newton, l'observation, la découverte ; Bacon « qui, selon Proudhon, tend dans sa philosophie, à ramener toutes les connaissances à des doctrines positivistes, toute science à l'industrialisme » et qui procède par observation et par induction.

Nous mouvant plutôt dans le domaine de la pensée, nous sommes logiques; les Anglais, plutôt dans le domaine de l'activité, sont pratiques. En France, l'égalité, la pensée, l'idéalisme, l'inconstance, la générosité dominent.

En Angleterre, la liberté, l'activité, la prévision, le positivisme, l'égoïsme.

L'âme, en France comme en Grèce, est *femelle;* nous avons les arts, les lettres, l'esprit, le goût, et l'invention, productions intellectuelles qui relèvent de la forme, et sont l'emblème de qualités féminines.

Aristote et Descartes, Archimède et Pascal, Esope, Lafontaine, Homère, Rabelais se rangent d'un même côté.

Socrate et Bacon, Galilée et Newton, Dante et Shakspeare, Lucrèce et Byron, se placent en face.

Nous avons cité Socrate, dans le second camp, puisque ses compatriotes l'ont eux-mêmes sacrifié. Il n'est pas de meilleur exemple, d'ailleurs, de l'ostracisme d s démocraties. « Ils ne me pardonneront jamais ma supériorité, disait Mirabeau. » C'est ce qu'a éprouvé Socrate, et ce qu'éprouveront tous les hommes de cette taille, nés dans un pays d'où la Liberté est absente. Par contre, si Mirabeau se vendit à la cour, Philippe de Macédoine avait un tarif spécial pour les orateurs influents de la place publique, à Athènes.

En France, le corps est par la loi romain et masculin, la *loi salique* tient du dogme; l'âme est grecque et *femelle.* Comme Athènes, la France a foi en son génie.

En Angleterre, le corps politique est légalement semblable à la réunion des petites républiques grecques. Athènes, Thèbes, Sparte avaient leurs lois particulières ; tel, le droit coutumier anglais (common Law) régit l'Angleterre. Dans l'île de Man, règnent les établissements des anciens rois ; Jersey et Guernesey sont régies par les lois de Rollon ; au Canada, les ordonnances des rois de France sont observées comme au temps de Saint Louis.

Mais, quelle différence dans le domaine moral ! Après la révolution de 1648, la noblesse anglaise se transforma en aristocratie, et on n'a pu la comparer depuis, à aucune autre qu'au patriciat romain. Cromwell aussi fût au moment de se vendre à la cour, pour un titre et pour l'ordre de la Jarretière, car le jacobin sentait bien que sa dictature ne serait jamais assurée avec des républicains comme Ludlow, Rich, Sidney, Hutchinson ; mais, la vision du poignard de Brutus dut faire hésiter l'homme qui voulait l'exécution et qui, toutefois, fit tout son possible pour éviter de signer l'acte d'arrêt de mort de Charles Ier. Le colonel Rich, cité devant le conseil d'Etat de Cromwell, refusa, malgré tout, le serment de rien entreprendre contre sa personne et son pouvoir ; Ludlow menacé par Cromwell, de la Tour, lui contestait ainsi son droit : « Un juge de paix le pourrait, car il est autorisé par la loi ; vous, vous ne l'êtes pas. » Quel admirable sentiment de la liberté !

Tous ces hommes, qui avaient fait triompher la Révolution, avec Cromwell, se retournèrent contre lui, quand il voulut établir un pouvoir monarchique et là, où Bonaparte réussit, Cromwell n'osa pas. Leur attitude fut telle que Cromwell ne put tous les proscrire; ils ne se frappèrent point les uns les autres, et sauvèrent ainsi la liberté de leur pays. Ces hommes moururent tous pauvres; Milton lui-même fut obligé pour vivre de vendre sa bibliothèque, et tous ses anciens compagnons maudirent le dictateur enrichi. On ne vit pas autour de Cromwell ce qu'on vit autour de Bonaparte. Ces révolutionnaires étaient des stoïciens, et le stoïcisme est la seule philosophie qui ait dominé à Rome toutes les philosophies grecques. L'Angleterre n'a pas d'art; les sports ont remplacé pour elle les jeux du cirque; comme Rome sur terre, elle domine sur mer; comme Rome, elle ne croit qu'à sa puissance.

En Angleterre, le corps politique est grec et féminin; le *sceptre* est généralement tenu par des *reines*; l'âme est romaine, le caractère *masculin*.

Nous rencontrons, là, une loi d'atavisme de civilisation, de nation à nation, en même temps que nous obtenons les éléments constitutifs de la civilisation.

L'un de ces éléments est féminin, en ce sens qu'il reproduit toutes les qualités et tous les défauts qui constituent l'apanage de la femme, et l'autre, pour des raisons contraires, est masculin. La civilisation suit donc les lois du développement humain qui ne sont point encore connues, mais que la Science sociale nous fera connaître. Telle, dans une pile, l'électricité naît du contact du pôle positif et du pôle négatif provenant eux-mêmes de l'accouplement du zinc et du cuivre; et, de la même façon

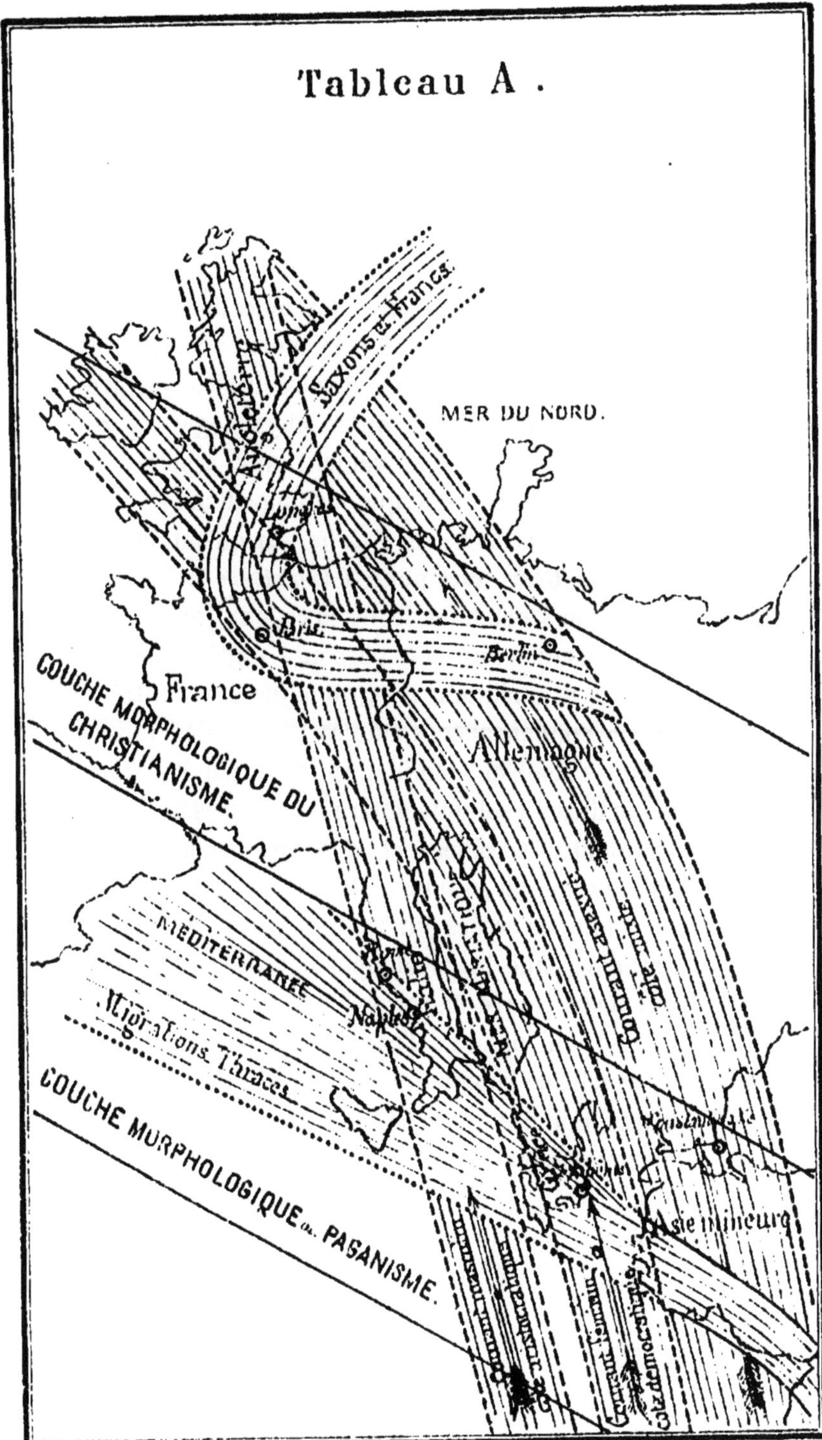
Tableau A.
MER DU NORD.
Saxons et Francs
France
Allemagne
COUCHE MORPHOLOGIQUE DU CHRISTIANISME.
MEDITERRANEE
Migrations Thraces
COUCHE MORPHOLOGIQUE du PAGANISME.
Asie mineure

qu'elle se manifeste par des courants induits et par des courants déduits : ainsi, la pensée humaine a deux sexes et procède par inductions et par déductions.

Aussi bien, si nous considérons, d'une part, que les migrations qui mettent en communication les peuples, jouent vis-à-vis d'eux, le même rôle que les liquides chimiques vis-à-vis des électrodes qui produisent les courants, et, qu'en physiologie les générations asexuées relativement aux générations sexuées, et, d'autre part, que les migrations *Thraces* ont été pour la *Grèce* et l'*Italie*, ce qu'ont été les migrations *Germaines* pour l'*Angleterre* et pour la *France*, nous obtenons le tracé ci-joint (*a*) :

La civilisation voit son parcours réglé, dans l'espace, par la similitude géographique des contrées, dont la configuration similaire impose des formes politiques semblablement adaptées et par l'analogie des qualités du sol qui confèrent aux races indigènes des qualités pareilles ; et, dans le temps, par la sexuation morale, qui procède des qualités et relève des conditions créées par les besoins et les milieux. C'est ainsi que le développement de l'activité en Angleterre trouve sa raison dans la nature même. Le froid, qui diminue l'activité de la nature, augmente celle de l'homme ; l'activité est fille du besoin. L'adaptation des espèces aux milieux, constatée par Darwin, est également applicable dans le domaine moral. Ayant besoin de plus de chaleur, l'Anglais a besoin de plus de nourriture et, race prolifique, il a dû organiser l'exploitation sur une plus vaste échelle que toute autre race. Le grand développement de son activité vient de là. Les théories de Malthus, nées en Angleterre, ne prouvent qu'une chose, c'est l'obligation où elle se trouve de parer à un trop grand accroissement de population, en même temps qu'elles expliquent la nécessité qui la pousse aux conquêtes; mais, ce développement de l'activité et ces préoccupations utilitaires ont développé, au sein de la liberté, les plus criants abus.

Le droit du plus fort règne en maître de l'autre côté du détroit. Les domaines terriens ne changent presque jamais de mains et se transmettent héréditairement; tout ce qu'il y a de terres dans le Royaume-uni est devenu la proie des propriétaires de ces maisons de commerce et de banque, où viennent s'accumuler les richesses du monde entier. Peu à peu la grande propriété a fait disparaître la petite, et, comme pour l'Italie, la question agraire menace l'Angleterre.

Que sont devenus ces *yeomen*, qui formaient l'*Ironsides* (côtes de fer), le régiment de Cromwell, puritains et têtes rondes, qui mirent en pièces les brillants cavaliers de Charles Ier, et qui ne peuvent être comparés, dans l'histoire de la Révolution anglaise, qu'à la *colonne infernale* de Westerman, pendant nos guerres de la Vendée? Ils ont été peupler White-Chapel et ces quartiers de l'Est de Londres, où la misère dépasse en horreur tout ce que l'imagination peut enfanter. Irlandais, Celtes, Saxons, Anglais grouillent là dans l'animalité la plus abjecte et le sombre tableau que Labruyère a tracé des paysans du XVIIe siècle est une idylle, comparé à ce qu'on voit dans ces taudis.

Jacques Bonhomme qui, au temps des communes, et à la voix de Jeanne d'Arc, défendit, pied à pied, sillon par sillon, le sol de la France contre l'étranger et tombait encore à Montmirail, en 1814, pour sa défense, a fini par le posséder. John Bull lui, vivant sous terre, ou dans des rues, que ne visitent jamais l'air et le soleil, attend encore sa libération. Elle ne saurait tarder.

Proudhon s'est demandé s'il y avait raison suffisante de révolution au XIXe siècle. Il répond par l'affirmative, mais n'indique point le milieu et les moyens par lesquels elle se produira. En Angleterre, c'est certain, car là, il n'y a point de paysans ; il n'y a que des ouvriers agricoles et des ouvriers des villes, à la merci continuelle de l'offre et de la demande, nation tout entière en haillons.

Obligée par sa position et par son sol de produire quand même, l'Angleterre a dû s'ouvrir chez les peuples les plus éloignés des débouchés à coups de canons, et en France et dans les autres pays, par le libre-échange ; ses vaisseaux couvrent les mers, et son argent fructifie partout, mais aussi, l'Angleterre ne peut arrêter sa production un seul jour.

Que les débouchés se ferment, que les produits ne s'écoulent plus, que les fabriques se taisent, que les vaisseaux s'arrêtent, et les marins descendront à terre, et les mineurs remonteront à la surface. Ce jour-là l'Angleterre est perdue.

Elle produit à bon marché, au prix d'incroyables

souffrances humaines; par le libre échange, elle domine sur les marchés du monde, mais ces souffrances se dresseront contre elles et, pour avoir exploité le monde entier, elle s'est livrée à sa disposition. Sa vie même ne lui appartient plus.

Les deux choses sans doute arriveront en même temps, mais, ensemble ou séparément, le cataclysme ne se fera pas attendre. Alors, le monde assistera au plus effroyable des spectacles, et ce que l'Angleterre verra épouvantera l'esprit humain. Peuple aux mâchoires fortes, véritable requin, l'Anglais dévorera tout, noblesse, aristocratie, propriétés, fortunes. Toucher à la liberté d'un Anglais, cela a coûté la tête à Charles Ier, et ce n'était que la Réforme, qu'arrivera-t-il lorsqu'il faudra toucher à son estomac?

Si l'on considère ce qu'en fait de révolution a donné le peuple du joyeux Rabelais, on frémit, en songeant ce que pourra faire, une fois déchaîné, le peuple qui a produit Shakspeare. « *Be or not to be,* » dit Hamlet, en posant la main sur le crâne de Yorick. Plus que jamais, l'Angleterre peut se poser cette terrible question.

Déjà, sous Cromwell, à côté des puritains, on avait vu paraître les niveleurs et la Révolution déjà pratique avec Cromwell, le sera encore davantage sans lui, car depuis, l'Angleterre a fait des progrès.

« Ayez confiance en Dieu, disait le jacobin mystique, et *tenez votre poudre sèche* »; et, au moment de traiter à Hampton-court avec Charles Ier : « Comment!

pour toutes nos batailles nous n'aurions qu'un chiffon de papier! » On connait la fin.

Aujourd'hui ce n'est pas la question de la Liberté qui se pose, c'est la question même de la faim.

Les *encyclopédistes* ont précédé en France la Révolution. En Angleterre, les *naturalistes* l'ont eux-mêmes déjà formulée et c'est le peuple qui a émis l'idée, qui a toujours levé le bras pour la faire triompher.

L'Allemagne, dilapidée par les indulgences, a produit *Luther* et la *liberté philosophique*.

La France, écrasée par le poids de la monarchie absolue a produit *Voltaire* et conquis la *liberté politique*.

L'Angleterre, dévorée par le droit du plus fort a produit *Darwin* et va conquérir la *liberté sociale*.

On cite de Proudhon, le fameux mot : « La propriété, c'est le vol, » qui appartient à Brissot; on cite bien de Voltaire ce mot : « Si Dieu n'existait pas, il faudrait l'inventer, » mais point celui-ci visant aussi la religion : « Je les débarrasse d'un monstre, et il me demande par quoi je le remplacerai. » On fait dire à Darwin que « l'homme descend du singe »; mot qu'il n'a pas dit, mais que les cagots proclament être sien et que les cuistres s'en vont répétant, mais personne, dans ces admirables travaux, ne remarque des phrases comme celle-ci, où l'expression d'un simple fait prend toute l'importance d'un principe :

« *Les races inutiles sont appelées à disparaître.* »

Le fond de toutes les lois d'évolution doit se trouver dans cette phrase, qui donne le caractère du prochain renouvellement social. Rapprochée du terrible problème du « *struggle for life* », cette remarque le peuple anglais, si actif, la fait tous les jours ; il se dit que dans cette lutte où il succombe, lui utile, il en est qui ne luttent pas, lutte terrible, qui pour l'homme, s'appelle le travail.

« Ou *travailler* ou *disparaître*. » Tel est l'impitoyable dilemme que la prochaine transformation anglaise posera aux privilégiés de tous les pays. Ce n'est pas le « *droit au travail*, » comme l'ont formulé des ignorants, c'est le « *devoir du travail* » qui s'impose à l'homme, avec ce corollaire : le *droit au repos*.

Le *troisième grand pas* dans la voie de l'affranchissement humain appartiendra à l'Angleterre.

« *Tu ne travailleras pas quand même.* »

Telle sera pour l'homme la formule de la prochaine transformation anglaise.

Le verbe de la bravoure anglaise, est, avons-nous dit, impersonnel ; non point que l'Anglais ne soit pas brave, mais il ne tient pas à l'être ; nous pensons que le mot de Wellington est exact : « un homme en vaut un autre, sur un champ de bataille. » L'Anglais particulièrement quand il y est, mais il préfère que d'autres y soient à sa place ; sa vie lui parait précieuse ; ses soldats sont des mercenaires, ils lui coûtent très cher et il entend les ménager ; de plus, sa combattivité est prise tout entière par l'instinct de la production et les luttes pacifiques du travail.

et par l'impérieuse nécessité, où il est, de satisfaire un estomac très exigeant.

L'Anglais est un peuple de *colonisation*.

La faculté dominante chez lui est la *volonté*.

Le sentiment social dominant, est la *liberté*.

La méthode est analytique et le raisonnement inductif.

L'évolution sociale est *anarchiste*.

Si nous avions à la représenter graphiquement nous le ferions par une parabole.

IV

LOIS D'ÉVOLUTION POLITIQUE.

On voit, par cette analyse rapide, ce qu'est la Science sociale et surtout ce qu'elle peut donner : le développement de certains aperçus de quelque nouveauté, nous fournirait déjà à eux seuls la matière de plusieurs volumes, si nous ne nous étions fixé des limites que nous avons tenu à ne point dépasser, pour ne pas obséder l'esprit par une trop grande quantité d'abstractions à la fois.

La philosophie ne recule point devant les développements inutiles et les raisonnements indéfinis ; la science ne comporte pas de verbiage, elle ne doit s'attacher qu'aux faits importants. Les plus belles discussions ne valent pas un résultat et les phrases les mieux tournées sont fastidieuses auprès d'un fait érigé en loi.

Parler pour ne rien dire est commun aux politiciens et aux philosophes ; ils ont la synthèse facile et s'abandonnent, à ce point de vue, à tous les élans de leur imagination. L'imagination n'est ni spiritualiste ni matérialiste, elle est l'imagination, c'est-à-dire une cause d'erreur pour les uns et pour les autres, lorsqu'elle n'est point contrôlée par le raisonnement et guidée par l'observation.

La Science sociale est avant tout une science analytique; pour elle, la synthèse ne peut ressortir que de la corrélation des analyses. Les divisions du sujet une fois opérées, elle procède par synthèses successives, c'est-à-dire qu'elle doit reprendre l'analyse des diverses parties du sujet à tous les points de vue qu'il comporte. A chacun de ces points de vue, la synthèse doit ressortir naturellement comme la résultante ou la conséquence des inductions ou des déductions analytiques. Pour l'instant, nous ne rechercherons que les lois de l'évolution politique; elles doivent se présenter comme autant de déductions naturelles des principes établis plus haut.

Si nous faisons abstraction de l'idée générale d'évolution qui domine cet essai, deux faits principaux ressortent de ce qui précède: d'abord, celui-ci que les changements des conditions obligent les sociétés comme tous les organismes aux transformations; ensuite, que certains phénomènes apparaissent dans le cours de l'évolution politique, comme les prodromes d'un retour de la société à des formes politiques antérieures.

Quelles sont ces formes et quelle est la raison de leur retour? Tels sont, avons-nous dit, les termes du problème de l'évolution politique. Cherchons-en la solution.

Pour ce qui est des causes économiques qui déterminent cette évolution, elles proviennent généralement de la pitoyable gestion des gouvernements et de la concentration continue et trop rapide des capitaux; ce sont ces causes qui ont amené la Révolution française. Elles peuvent être dues aussi à des découvertes qui changent totalement les conditions générales de l'existence universelle et à l'apparition de nouveaux moyens de production ou de destruction. C'est ainsi que la féodalité ne put survivre à l'invention de la poudre qui enlevait toute valeur militaire à ses châteaux-forts, et que, de nos jours, la grande industrie, par sa brusque irruption dans le domaine de la production, a amené un déplacement d'hommes et un dérangement des professions qui a ébranlé l'équilibre de la société.

Les sociétés contemporaines ont été trop rapidement, en ce sens que le progrès moral et le développement social n'ont suivi que de très loin les progrès économiques et les perfectionnements mécaniques. L'éviction continue d'un nombre toujours plus grand de travailleurs, produite dans les métiers manuels, par les perfectionnements du machinisme, a amené ceux-ci à se dire qu'il y avait probablement dans la société des rouages inutiles. De cette idée à leur suppression ou à une simplification considérable, de cette pensée à ce fait qui est une révolution, il n'y a qu'une question de temps.

Les économistes qui ont fait du fameux « *ce qu'on voit* » et « *ce qu'on ne voit pas* » un argument à répétition, n'ont surtout pas *vu*.

Lorsqu'on leur a fait observer que le perfectionnement du machinisme et les progrès de la grande industrie tendaient à réduire de plus en plus la main d'œuvre, ils ont répondu que cette réduction était factice, parce que la main d'œuvre inoccupée trouvait à s'employer dans d'autres industries créées par ce même perfectionnement. S'il est vrai que la grande industrie se soit développée avec le perfectionnement des machines, il est tout aussi vrai qu'elle produit des déplacements professionnels qui ne se font pas sans souffrances et qu'en augmentant ainsi sa clientèle, elle s'est donné de plus en plus charge d'âmes. Peut-elle suffire à ces nouvelles responsabilités ? On peut répondre négativement, car les perfectionnements industriels et la division du travail ont amené une surproduction qui dépasse de beaucoup la consommation. Il faut que celle-ci *digère* la production ; cette digestion exige du temps et ce temps, pour les travailleurs, s'appelle les *chômages*. Ils n'iront qu'en augmentant.

Nos sociétés sont donc acculées à la solution d'un problème insoluble ou aux transformations. Comme toujours, celles-ci seront brusques et violentes, puisqu'on n'a rien fait pour en tempérer l'accélération.

Qu'ont-ils prévu, ces économistes fameux, ces gens extraordinaires qui occupent l'attention publique et se congratulent réciproquement au sein d'instituts variés ? Que font-ils pour atténuer les souffrances d'une situation qui est, en partie, leur œuvre, puisque la plupart d'entre eux sont *libre-échangistes* et que le *libre-échange* est le régime favori de la rapine internationale ? Quels moyens apportent-ils après avoir préconisé les maux ?

Qu'est donc leur science que nous payons et où sont ces capacités dont on nous entretient ?

Celui-ci lance contre le *collectivisme* la matière de deux gros in-8. Il ne s'aperçoit pas que nous sommes en plein courant collectiviste et que cette forme particulière du socialisme sera bientôt celle de la société française. Que fait-il donc, dès lors, sinon réfuter les faits? Autant vaudrait réfuter la Révolution de 89, car, réfuter les faits avant ou après leur venue n'ajoute rien à la valeur de la réfutation; on n'avoue pas davantage son insuffisance. Ce n'est pas encore de ce côté que nous trouverons la solution de la question sociale.

Quant aux politiciens, ils cherchent à cet effet toute espèce d'échappatoires. Celui-là dénonce les luttes de classes et la raison qu'il donne de cette exclusion est tellement topique, elle montre si bien ce qu'il y a au fond de la politique, qu'on ne saurait l'inventer sans être du métier. « La lutte des classes n'a pas de raison d'être, paraît-il, sous un régime démocratique. » S'il était possible de faire de la lutte des classes une institution rapportant de beaux traitements aux ruffians du radicalisme, tenez pour certain qu'elle serait démocratique; mais, voilà certes une raison qui va l'empêcher! Cet autre nous entretient de la *politique* de l'*expérience;* là, est pour lui la solution, tant que les radicaux probablement seront chargés de l'appliquer. Faut-il néanmoins qu'on nous trouve simples pour nous entretenir de pareilles propositions. Faire des expériences sur un peuple qui a déjà dix-huit cents ans d'évolution et qui continue cette évolution! Cela vaut le Génevois se proposant d'*instituer* un peuple au dix-huitième siècle. Et, pour les faire, ces expériences, comment s'y prendra-t-on? Sur qui les fera-t-on? Sur quels principes s'appuiera-t-on? Les fera-t-on au petit bonheur? Pourra-t-on, d'ailleurs, en déterminer les limites dans le temps et dans l'espace et en connaître les résultats? Qu'un industriel ou un savant fasse des expériences à ses frais et sur la matière inorganique ou organique, cela ne saurait léser qui que ce soit; mais, ce que la science se refuse le plus souvent à tenter sur l'organisme individuel, on le tenterait sur l'organisme social? Il n'y a là encore qu'une invention de politiciens aux abois. Ceux-ci ne savent qu'imaginer pour éluder les conséquences de nos révolutions et les responsabilités de leurs mandats. C'est la tactique des Jacobins, qui, sommés d'établir le gouvernement direct, en firent renvoyer l'établissement à la paix. La paix, ce fut vingt-cinq ans de guerre, puis l'empire, ensuite la monarchie, et, ce gouvernement, nous l'attendons encore.

Nous l'aurons, toutefois, beaucoup plus tyrannique que si on l'eut établi il y a quelques cent ans, car il était plus facile de l'établir à cette époque et l'évolution l'eut déjà amendé! Il y a là matière à réflexion pour les Nestors des feuilles de tout format et de toutes couleurs, qui se répandent en objurgations moralisatrices et en récriminations alanguies sur le temps présent.

Qu'ils se le disent : tenter d'échapper à l'évolution, c'est tenter d'éviter l'inévitable et c'est accumuler les fardeaux sur les générations suivantes. Tout se ramène donc bien en politique à connaître cette évolution : car, si les changements économiques jouent, vis-à-vis de l'évolution politique, le rôle des changements inorganiques vis-à-vis de l'évolution organique, les lois de l'évolution politique rendront à l'économie politique le service de lui indiquer aussi les solutions qu'elle recherche, par cette raison que les solutions politiques et économiques étant connexes, les formes économiques doivent s'adapter aux formes politiques.

Nous avons montré que les révolutions n'étaient que des ruptures de formes incompatibles avec le caractère de la nation, et que ces brusques changements étaient dus à la résistance que ces formes présentaient à l'évolution des idées; nous avons vu, de plus, qu'elles mettaient en relief les formes irréductibles de la constitution naturelle du pays, c'est-à-dire les formes politiques capables de satisfaire la race du sol et nous avons émis ce principe que : « L'homme était à tout instant de son existence, le représentant de la race qui avait influé sur lui le plus directement. »

Il est certain que si nous rapprochons les principes établis plus haut des principaux faits historiques, qui prouvent la persistance des influences de races dans tous les phénomènes afférents à l'établissement et à l'élimination des formes gouvernementales, nous obtiendrons ainsi les lois de l'évolution politique.

« L'homme, étant un produit naturel, obéit à des lois naturelles dans toutes ses manifestations individuelles et collectives. »

Comme individu il est astreint aux lois vitales, il est assujetti aux fonctions qui entretiennent chez lui l'existence, il faut qu'il subvienne à des besoins;

comme être collectif, et cela veut dire vivant en société, il relève d'un ensemble de lois qui, ayant fait de lui un animal social, l'assujettissent autant par le sentiment que par l'obligation de s'y conformer.

Mais ces lois que représentent-elles ? Les conditions d'existence des sociétés.

Que sont les sociétés, en somme ? Des organismes.

La production, la consommation, l'échange, la répartition des biens sont autant de fonctions vitales de l'organisme des sociétés, identiquement analogues aux fonctions de nutrition, de relation, de reproduction, en un mot, à toutes les fonctions qui constituent pour tout organisme vivant, les conditions nécessaires de l'existence. Ces fonctions ne peuvent donc disparaître sans atteindre l'existence même des sociétés, mais leurs formes organiques sont, comme toutes les formes, sujettes à des modifications, à des transformations et à des changements. Il s'ensuit que les sociétés suivent les lois générales qui règlent l'évolution des formes, dans la nature, c'est-à-dire, qui président aux changements et aux transformations de tous les organismes.

Que sont les révolutions? Des changements de formes; les unes disparaissent et les autres s'établissent.

Qu'est-ce que l'évolution ? C'est les transformations lentes et successives des organes, c'est-à-dire, des formes fonctionnelles de l'organisme.

Que signifie le mot *révolution?* Venant du latin, *revolvere*, retourner, il implique une idée de *retour*.

D'où vient le mot *évolution?* Du latin, *evolvere*,

qui signifie se développer; il implique donc une idée de *développement*.

Mais, nous avons établi, d'une part, que les révolutions étaient des phénomènes d'évolution. *Evolution* et *révolutions* étant dans le rapport de causes à effets et réciproquement, quelle relation y a-t-il entre cette idée de *retour* et cette autre idée de *développement?*

Nous avons vu, d'autre part, que les révolutions tendaient à substituer à des formes incompatibles avec le caractère de la nation des formes qui pourraient le satisfaire. C'est donc au développement de ce caractère et en général de tous les caractères qui spécifient la race, tels que le sentiment d'égalité ou tout autre, qu'il faut attribuer les révolutions qui ne sont que des changements de formes, car elles ne sauraient supprimer les conditions générales de l'existence des sociétés.

Qu'est-ce que les formes? c'est la loi et les institutions. Si cette loi et ces institutions déchaînent pareilles forces de destruction, c'est qu'elles ne sont point consenties. Elles sont donc imposées. Par qui? Par des étrangers à la race du sol.

Les révolutions sont des luttes de *races* contre les *classes;* les classes sont les occupants des fonctions gouvernementales, qui constituent les formes politiques imposées. La loi n'est que le règne de la classe au pouvoir, et la classe au pouvoir, c'est le régime de la conquête.

Les révolutions ne sont donc que des phénomènes de l'évolution de la race luttant contre la conquête et éliminant l'une après l'autre les formes politiques et sociales, imposées. Ainsi, avons-nous vu que le progrès se ramenait à l'évolution du cerveau, et que cette évolution s'opérait elle-même par le développement ou la décroissance de certaines formes intellectuelles, favorisant, de ce fait, la production d'idées nouvelles ou l'élimination d'idées anciennes.

Aussi bien, si nous rapprochons ce fait, que l'évolution est due au développement de certaines formes politiques aux dépens d'autres formes appelées à disparaître, de cet autre fait, précédemment établi, que la monarchie était un produit de la barbarie franque et de l'absolutisme romain, et que le régime datant de 89 est un produit de la centralisation obtenue ainsi et des sophismes du contrat social, le mécanisme de l'évolution s'explique aisément.

Les luttes des races contre les formes imposées ou plutôt contre les classes qui les imposent se ramènent, en somme, à des luttes de races entre elles, car, les classes ne sont que l'organisation en parti de gouvernement des races conquérantes. C'est donc la lutte, dans l'organisme social, de *l'espèce nationale* contre les espèces *étrangères*.

Il en résulte, qu'on peut assimiler ces luttes de races cherchant à rompre des formes politiques imposées, aux phénomènes produits par les croisements d'espèces différentes. On sait que ces croisements sont pratiqués par l'homme, pour obtenir des formes nouvelles; ils reproduisent donc bien les conditions de formes imposées, seulement les formes ici, au lieu d'être imposées à un organisme social le sont à un *fonds physiologique*, à un *organisme fonctionnel;* les fonctions organiques continuent leur fonctionnement, mais les formes se modifient; en un mot, les conditions *physiologiques* restent obligatoirement les mêmes, mais les conditions *morphologiques* changent, et ces changements, rapportés aux nombres des croisements, doivent donner le type des transformations produites dans l'organisme des sociétés, puisqu'ils sont produits par les mêmes causes, dans les mêmes conditions.

Ces croisements chez les animaux et chez les végétaux sont de deux sortes.

On sait en quoi consiste le métissage et en quoi l'hybridation.

Le métissage, c'est les croisements opérés sur deux individus appartenant à des races d'une même espèce.

L'hybridation, c'est les croisements d'individus d'espèces différentes.

Les produits des métis sont féconds; les produits de l'hybridation sont le plus souvent inféconds. Cela indique que ces croisements ne se conduisent point de la même façon. Les phénomènes qui sont particuliers à chacun d'eux, sont parfaitement connus; ils trouvent, d'ailleurs, une lumineuse démonstration dans les expériences de M. Naudin. Lorsqu'on croise deux hybrides provenant d'une première union entre deux espèces différentes, les produits du croisement de ces deux hybrides, (si le croisement est fécond), cessent d'avoir un caractère mixte, ils retournent en totalité à l'une des espèces-mères ou ils se partagent entre l'une et l'autre, c'est ce qu'on nomme le *retour au type*. On appelle, en langage scientifique, *variations désordonnées*, les variations singulières qui se présentent souvent dans les hybrides de deuxième et troisième génération avant leur retour complet à l'un des types spécifiques.

M. Naudin ayant croisé la *linaire à fleurs jaunes* avec la linaire *à fleurs pourpres*, les hybrides issues de ce premier croisement furent uniformes de caractères; et ces caractères étaient intermédiaires entre les caractères de chacun des deux parents. Dès la seconde génération, les plantes offraient la plus grande confusion. « On y trouvait, dit M. Naudin, tous les genres de variations possibles, de tailles rabougries ou élancées, de feuillages, larges ou étroits, de corolles déformées de diverses manières, décolorées ou revêtant des teintes insolites, c'est l'anarchie végétale! et de toutes ces combinaisons, il n'était pas résulté deux individus entièrement semblables (les premiers hybrides étaient uniformes). Il est bien visible, ajoute-t-il, qu'ici encore nous n'avons affaire qu'à la variation désordonnée, laquelle n'engendre pas des individualités. » Ces plantes hybrides retournèrent, les unes à la linaire jaune, les autres à la linaire pourpre. C'est là un phénomène de retour au type. Le métissage présente bien des phénomènes d'*oscillation*, des effets d'*atavisme*, mais l'*atavisme* n'empêche pas la formation d'une race, le *retour au type* l'empêche toujours et les variations désordonnées sont des phénomènes de retour au type.

Telles sont les lois qui président aux croisements, c'est-à-dire aux transformations des formes imposées dans les organismes animaux ou végétaux. S'appliquent-elles aux organismes sociaux, et en langage ordinaire, et traduits politiquement, les faits corroborent-ils cette façon d'envisager l'évolution politique? Les croisements, toutefois, se font ici sur des millions d'individus et s'étendent sur des centaines d'années; mais la loi n'est-elle pas la même pour tous les organismes? Nous avons dit, en étudiant le système politique issu de 89, que c'était *la conquête succédant à la conquête par voie de transition révolutionnaire*. Les révolutions sont-elles donc autre chose que des variations désordonnées? Issue de la barbarie franque et de l'absolutisme romain, croisement des formes franques et des formes romaines, qu'a fait la monarchie appuyée sur la bourgeoisie? Elle a fait disparaître la féodalité, œuvre de la conquête franque, gouvernement de classe des Francs et elle a abouti elle-même à une révolution qui a intégralement rétabli le gouvernement de classe Romain. Toutes nos institutions, toutes nos lois sont l'œuvre des fonctionnaires romains.

C'est la conquête des Romains qui a installé en ce pays le régime des fonctionnaires, et c'est ceux-ci qui organisèrent ce système d'impôts, qui est la plus complète exploitation qu'on puisse faire d'un pays et la mise en coupe réglée d'une nation. Les lois, les codes, les impôts, chez nous, sont romains.

Qu'est-ce que l'impôt foncier? c'est celui que les Romains établirent et nommèrent le *tribut* ou *capi-*

tation du sol; cet impôt n'existait point pour les Romains et pour l'Italie, c'était le tribut prélevé par la conquête sur les peuples conquis. *Conquis*, les peuples devenaient *tributaires*, et les *tributaires* sont devenus de nos jours les *contribuables*.

Qu'est devenue la *capitation des plébéiens* qui pesait sur ceux qui ne *possédaient* pas? c'est présentement la *cote personnelle*.

L'impôt des *patentes* n'est que l'antique *chrysargire* ou l'impôt établi sur les *échanges et l'industrie*.

Enfin, ce sont les Romains qui ont établi l'*impôt militaire*, l'*impôt* sur les *marchés*, la *corvée*, les prestations en nature. Il y eut aussi certains impôts directs qui furent *affermés;* les titulaires s'appelaient *publicains;* c'étaient les prédécesseurs des *fermiers généraux* de l'ancien régime devenus de nos jours les *concessionnaires*. Il y avait surtout l'octroi, invention romaine entre toutes, dont les produits se répartissaient entre les villes et l'État, et les populations de notre pays étaient prévenues par de rigoureuses mesures de l'obligation où elles étaient d'acquitter régulièrement cet impôt; elles avaient appris, à leurs dépens, que le recouvrement de l'impôt était le plus grand intérêt de la conquête. « *Avant toute chose*, disait la loi (Codes de Justinien) les gouverneurs doivent s'attacher avec *vigilance* à l'intérêt fiscal; » et, comme pour ajouter à l'oppression de la conquête, on rendait les populations responsables de la rentrée de l'impôt. Aux *communes celtiques* on avait substitué les *municipes romains*, qui se sont transformés successivement sous les noms de *syn-*

dics et *d'échevins*, de *maires* et de *conseils municipaux*. Les *municipes*, qu'on voudrait nous faire prendre pour des *gouvernements communaux*, n'étaient à cette époque, aussi bien que de nos jours, que des rouages du gouvernement romain. C'est à eux qu'incombait l'obligation d'établir les taxes et d'assurer leurs rentrées.

Ils relevaient directement des *préfets du prétoire*, des fonctionnaires diocésains ou des vicaires, en un mot, des fonctionnaires *romains* qui sont *identiquement* ceux d'aujourd'hui. Les *ministères*, les *bureaux* ces grandes puissances de la machine administrative des *Romains* étaient au sommet de la hiérarchie. Quant aux assemblées celtiques qui représentaient les provinces, elles ne pouvaient *émettre que des vœux;* et leur situation correspondait exactement à celle de nos *conseils généraux* actuels vis-à-vis du parlement, c'est-à-dire, du gouvernement central, car le parlement n'est que le *paravent* de tout le système. On voit par là que la Révolution n'a été, pour nous, que le rétablissement des formes gouvernementales imposées par les Romains.

On démontrerait de la même façon que les révolutions d'Angleterre sont dues aux mêmes causes et s'expliquent par les mêmes raisons. Que représentent Cromwell et Monk ? ce sont respectivement le Robespierre et le Napoléon anglais. Comme Napoléon fut l'empereur *Romain*, ainsi Monk rétablit les formes politiques de la conquête des *Saxons*. Les *Saxons* avaient été les premiers conquérants du sol Britannique : la conquête Normande vint ensuite, qui fit des *tributaires* à la fois des *Bretons* et des *Saxons* et les formes Normandes subsistèrent jusqu'à la révolution de 1648, qui restaura le gouvernement des Saxons, par la monarchie de la maison d'Orange; et cette révolution fut l'œuvre des Anglo-Saxons qui, déjà *unis* par le temps, furent *réunis* par l'idée de se défaire de leurs conquérants immédiats.

La même idée viendra aux Bretons de se défaire des Saxons et si la Grande-Bretagne n'a pas encore connu plus d'une révolution, c'est que sa position géographique l'a mise à l'abri de toutes les invasions que nous avons eues. Elle n'a eu que deux invasions, celles des Saxons et celles des Normands et nous en avons eu plusieurs; c'est pour celà que nous avons eu plus de variations désordonnées, c'est-à-dire, plus de révolutions. D'après ce que nous venons de dire, il est facile d'apercevoir les phénomènes de l'évolution.

La première conquête a été, chez nous, la conquête des *Romains;* ensuite est venue celle des *Francs* qui ont conquis à la fois Celtes et Romains. Conquis, mais déjà organisés, les *Romains, différents de races,* s'associèrent aux *Celtes* pour entamer les luttes de races. Ainsi commença l'association de deux races ou de deux classes contre une; cette association *évoluant,* dans le temps, avec toutes les vicissitudes constatées chez les végétaux croisés, cités plus haut, avec des *variations désordonnées,* conduisit à la dissolution des formes politiques des *Francs.* A ce moment, les Romains ayant *reconquis leurs positions*

Tableau C.

LOIS D'ÉVOLUTION POLITIQUE.

Première loi. — *Les conquêtes sont avec les révolutions dans le rapport de causes à effets.*

Deuxième loi. — *Les révolutions éliminent successivement les formes politiques et sociales imposées par les conquêtes successives en suivant l'ordre chronologique inverse de celui qui a présidé à l'établissement de ces conquêtes.*

Troisième loi. — *L'élimination des formes de celle des conquêtes qui a été la première en date ramène les formes politiques antérieures à toutes les conquêtes.*

se sont réalliés aux Francs; il y eut encore *deux classes* contre *une*, mais dans un *sens différent*, c'est-à-dire, point dans le sens de l'*évolution*, mais bien dans le sens inverse, pour détourner au profit de la nouvelle classe, c'est-à-dire, au profit des deux races conquérantes l'œuvre de la *révolution*. Toutefois l'*évolution* continue et elle aboutira au rétablissement des formes *celtiques* puisqu'en raison des lois que nous connaissons, le but des *révolutions*, qui ne sont que des effets d'évolution, est le retour au type et le retour au type c'est les formes celtiques. Celles-ci étaient essentiellement des formes fédératives. De quelle façon et par quels moyens seront-elles rétablies? Par les moyens précédemment indiqués.

Si les *luttes* de *classes* sont, comme nous le montrons, des *moyens d'évolution*, la *formation* des *classes* constitue un *moyen* de *sélection*. Dans les *classes* il y a les *races;* c'est ainsi qu'il y a deux *bourgeoisies*, dont les *courants sont bien visibles* dans l'histoire : la *bourgeoisie* de *race* et la *bourgeoisie* de *classe*. La première était représentée dans la Révolution et dans l'histoire par les *fédéralistes*, par les *Celtes*, l'autre par les *Jacobins*, par les *Romains*. L'*évolution* aboutira à une *révolution* qui ramènera les formes celtiques par l'association de la *bourgeoisie* de *race* et des classes populaires réunies par les mêmes iniquités économiques et marchant ensemble à un but identique.

Pareille assimilation des sociétés aux végétaux, des organismes sociaux aux organismes humains est-elle possible, et de telles inductions peuvent-elles être autre chose que des effets d'imagination? Souvent les naturalistes confondent le métissage et l'hybridation, les effets d'*atavisme* avec les *variations désordonnées*. N'en est-il pas de même ici? Non-seulement il n'est pas de même, mais encore il y a ici un *criterium* que les naturalistes ne possèdent point.

Nous n'avons pas affaire ici à une espèce ordinaire, il s'agit de l'espèce humaine, c'est-à-dire d'une espèce qui a la voix et la parole, dont les individus se spécifient eux-mêmes, font ressortir leurs *caractères, proclament l'espèce, crient leurs races*. La *Science sociale* peut singulièrement seconder les autres.

Au commencement du XVIIIe siècle, le siècle de la Révolution, un marquis de Boulainvilliers, las probablement de l'importance que se donnaient tous les jours la *basoche* et les *robins*, et sans s'occcuper autrement de l'intérêt monarchique, le prit de très haut avec le Tiers-État et dans un écrit intitulé : l'*Histoire de l'ancien gouvernement de la France*, déclarait nettement ceci, que : « 1° la conquête des Gaules était le fondement de l'État français dans lequel nous vivons; que de là, nous avons tous reçu notre droit primordial. 2° Les Français (*les Francs*) y établirent leur gouvernement tout à fait à part de la race vaincue qui, réduite en servage, fut destinée par les conquérants au travail et à la culture des terres. 3° Les Gaulois sont les sujets, les Français originaires sont les nobles, les maitres et les seigneurs ; 4° tous les Français (*les Francs*) sont libres, ayant toujours été Français (*Francs*) et compagnons (*comtes*). Clovis n'ayant été que général d'une armée libre qui l'avait choisi pour mieux vaincre et avoir plus de butin, ils ont donc et ils ont seuls le droit de voter et de délibérer; l'exercice de la justice entre leurs pareils (*pairs*) et sur les Gaulois, habitants de leurs terres. 5° Tous les rois de la troisième race ont voulu l'abaissement des Français (*les Francs*) et ont travaillé comme à dessein à la destruction des lois primitives et de l'ancienne constitution de l'État, leurs descendants sont parvenus à asservir la nation Française (*les nobles*) et l'administration de Richelieu et le règne de Louis XIV ont plus fait en un demi-siècle, que toutes les entreprises des rois antérieurs depuis douze cents ans. » L'émotion causée par cet écrit fut très grande. Sieyès le connaissait-il, et peut-on considérer ce qui suit comme une réponse ou bien est-ce aussi une déclaration guerrière? Toujours est-il que quelque temps avant la Révolution, Sieyès, l'héroïque Sieyès, en bon prélat romain qu'il était et, rassuré probablement sur son comportement par la commotion qui arrivait, s'aventura jusqu'à dire que : « *le Tiers-État était une nation par lui-même et une nation complète* » et « que si les aristocrates entreprennent au prix de cette liberté dont ils se montreraient indignes de retenir le peuple dans l'oppression, il osera demander à quel titre. Si l'on répond : à titre de conquérant, il faut en convenir, ce sera vouloir remonter un peu haut. Mais le *Tiers-État* ne doit pas craindre de remonter dans les temps passés ; il se reportera à l'année qui a précédé la conquête ; et puisqu'il est aujourd'hui assez fort pour ne pas se laisser conquérir, sa résistance, sans doute, sera plus efficace. Pourquoi *ne renverrait-il pas dans les forêts de la Franconie toutes ces familles qui conservent la folle prétention d'être issues de la race des conquérants*, et d'avoir succédé à des droits de conquête ? La nation épurée alors, pourra se consoler, je pense, d'être réduite à ne plus se croire composée que des descendants des Gaulois et des Romains. En vérité, si l'on tient à distinguer naissance et naissance, ne pourrait-on pas révéler à nos pauvres concitoyens que celle qu'on tire des Gaulois et des Romains, vaut au moins autant que celle qui viendrait des Sicambres, des Welches et autres sauvages sortis des bois de l'ancienne Germanie ? Oui, dira-t-on, mais la conquête a dérangé tous les rapports, et la noblesse est passé du côté des conquérants. Eh bien ! il faut la faire repasser de l'autre côté, le tiers deviendra noble en devenant conquérant à son tour. »

Ta réponse nous manque, marquis de Boulainvilliers ! mais voici la nôtre : « Hors les Francs, hors les Romains ! Nous ne voulons plus de ces fonctionnaires, députés, ministres, tous gens qui composent ce gouvernement d'exploiteurs et de gredins qui détroussent cette nation, plus de cette justice qui n'est pas la nôtre, plus de ces codes qui se réduisent à des questions de tarifs, plus de ces juges qui ne sont que des jugeurs, qui nous traitent de justiciables, comme les agents des finances nous traitent de contribuables, comme autrefois l'on nous traitait de « *gent taillable* et *corvéable* » ; plus de ce régime qui n'est que la conquête, plus de cette république *une* et *indivisible* qui n'est que le régime de l'exploitation *multiple* et *divisible* : « l'Etat, c'est nous. » Nous, qui sommes las de Tartempion remplaçant Louis XIV, ce que nous voulons, c'est le retour à nos *anciennes provinces* (voir ci-après tableau B) où nous retrouverons nos coutumes ainsi que nos libertés ; c'est le gouvernement direct ; c'est les *impôts votés par nous ;* c'est nos *milices nationales* qui nous protégeront et probablement nous éviteront les défaites ; c'est nos assemblées provinciales, dont les délégations annuelles constitueront l'ancien *grand conseil celtique* qui décidait des affaires générales de la nation. »

Très prochainement, d'ailleurs, nous verrons toutes les nations européennes organisées fédérativement dans l'Europe confédérée. Il est facile de comprendre pour quelles raisons ; c'est que nous arrivons à ce moment où les *conditions inorganiques*, et elles sont représentées ici par les conditions économiques, *imposeront* ces formes politiques et aussi parce que les conditions organiques leur seront partout favorables.

L'état de luttes qui existe en Europe, dans chaque pays, d'une part, et entre tous les pays, d'autre part, provient, comme nous l'avons montré, de ce que les formes politiques intérieures et extérieures de tous les pays sont incompatibles avec les idées de l'époque

Tableau B.

Liste des anciennes provinces, avec les départements qui les composent actuellement :

Alsace. — *Haut-Rhin, Bas-Rhin.*

Angoumois. — *Charente.*

Anjou. — *Maine-et-Loire.*

Artois. — *Pas-de Calais.*

Aunis et **Saintonge.** — *Charente-Inférieure*

Auvergne. — *Cantal, Puy-de-Dôme.*

Béarn. — *Basses-Pyrénées.*

Berry. — *Cher, Indre.*

Bourbonnais. — *Allier.*

Bourgogne. — *Ain, Côte-d'Or, Saône-et-Loire, Yonne.*

Bretagne. — *Côtes-du-Nord, Finistère, Loire-Inférieure, Morbihan, Ille-et-Vilaine.*

Champagne. — *Ardennes, Aube, Haute-Marne, Marne.*

Corse. — *Corse.*

Dauphiné. — *Drôme, Hautes-Alpes, Isère.*

Flandre. — *Nord.*

Comté de Foix. — *Ariège.*

Franche-Comté. — *Doubs, Haute-Saône, Jura.*

Guienne. — *Aveyron, Dordogne, Gers, Gironde, Hautes-Pyrénées, Landes, Lot, Lot-et-Garonne.*

Ile-de-France. — *Aisne, Oise, Seine, Seine-et-Oise, Seine-et-Marne.*

Languedoc. — *Ardèche, Aude, Gard, Haute-Garonne, Haute-Loire, Hérault, Tarn-et-Garonne, Lozère, Tarn.*

Limousin. — *Corrèze, Haute-Vienne.*

Lorraine. — *Meurthe, Meurthe-et-Moselle, Vosges.*

Lyonnais. — *Rhône, Loire.*

Maine. — *Mayenne, Sarthe.*

Marche. — *Creuse.*

Nivernais. — *Nièvre.*

Normandie. — *Calvados, Eure, Manche, Orne, Seine-Inférieure.*

Orléanais. — *Loiret, Eure-et-Loir, Loir-et-Cher.*

Picardie. — *Somme.*

Poitou. — *Deux-Sèvres, Vendée, Vienne.*

Provence. — *Basses-Alpes, Var, Bouches-du-Rhône.*

Roussillon. — *Pyrénées-Orientales.*

Touraine. — *Indre-et-Loire.*

Le Comtat-Venaissin. — *Vaucluse,* réuni à la France en 1791.

et les caractères de chacun d'eux. Comme chaque nation s'apprête à retourner aux formes fédératives, il n'y aura plus rien qui s'oppose à ce qu'elles s'unissent. Nous passons ainsi de l'hybridation au métissage. Les croisements se produisant entre espèces de même forme seront féconds. Le Socialisme succèdera au Christianisme comme celui-ci a succédé au Paganisme, comme les mammifères viennent dans l'ordre naturel après les oiseaux et le Socialisme sera simplement l'entrée de la science dans le domaine de la politique. Jusqu'à présent la politique n'a été qu'une question de hasard et d'exploitation. Le Socialisme n'existe encore qu'à l'état de sentiment; c'est l'immense aspiration après un état meilleur de tous ceux qui se sentent ou se croient dépouillés dans le fonctionnement des forces économiques et dans la répartition de la production sociale; viendra ensuite la période de lutte, mais les formes ne pourront s'établir que lorsque la Science sociale aura donné tout ce qu'elle doit donner, puisque c'est à elle qu'il appartient de construire l'édifice. Nous avons dit que c'était les causes inorganiques qui déterminaient l'évolution organique. Au point de vue social abstrait, ce sont les causes économiques qui les représentent; au point de vue concret, ce sont des groupements nouveaux qui se sont formés dans le monde. Sir James Hall, ayant renfermé dans un tube résistant et bouché du carbonate de chaux et l'ayant fait chauffer à une haute température produisit des calcaires marbrifiés. Il reproduisit ainsi les conditions qui présidèrent à la formation des roches et des cristaux dans la nature et démontra par là comment les choses s'étaient passées. La chaleur et la pression due au dégagement de l'acide carbonique avaient déterminé une fusion et un groupement moléculaire nouveau, en un mot, un changement d'*état* des matières composantes. Des conditions analogues produisent en politique, des effets similaires.

D'une part, l'industrialisme moderne et l'accroissement des échanges ont développé des besoins considérables et il n'a été pris aucune mesure sociale pour les tempérer ou pour les satisfaire.

D'autre part, à l'est et à l'ouest, deux peuples obligent l'Europe à se transformer. A l'est, la Russie, que la civilisation n'ira pas transformer dans ses marais, mais que la civilisation attire irrésistiblement, recherche comme tous les peuples, et comme les végétaux la chaleur, ce courant vivifiant. De plusieurs siècles en arrière sur l'Europe, elle voudrait l'envahir pour s'assimiler sa civilisation. Elle sera repoussée vers l'Orient et ira renover les vieilles civilisations Hindoues; mais, ses tentatives sur l'Europe, pour qui elle représente actuellement les migrations barbares, obligeront celle-ci à se défendre, c'est-à-dire, à s'unir pour résister.

A l'ouest, se développe démesurément un peuple jeune, très en avant de la civilisation, qui n'a eu qu'à s'assimiler les bienfaits de cette civilisation sans avoir eu à parcourir les étapes qui les ont produits, peuple, qui a eu les voies ferrées avant d'avoir des routes, le long desquelles il a construit des villes comme il y a dix-huit cents ans s'élevaient les anciennes cités sur les bords des fleuves, ces voies qui marchent. Possesseur de terres neuves, et de races plus jeunes, il ferait déborder l'Europe de ses produits, si celle-ci ne s'unissait économiquement pour repousser cette invasion d'un nouveau genre. Ainsi repoussés, les Etats-Unis envahiront les marchés des Célestes et iront inoculer aux vieilles civilisations chinoises les idées modernes.

Rénovation des Hindous par les Russes, rénovation des Célestes par les États-Unis, constitution des États-Unis de la vieille Europe, établissement de nouvelles formes politiques et sociales, telle est la nouvelle phase dans laquelle se prépare à entrer prochainement l'humanité.

Il ne nous reste plus qu'à remercier la Science sociale.

25 novembre 1886.

Paris. — Imp. F. Pichon, 30, rue de l'Arbalète, et 21, rue Soufflot.

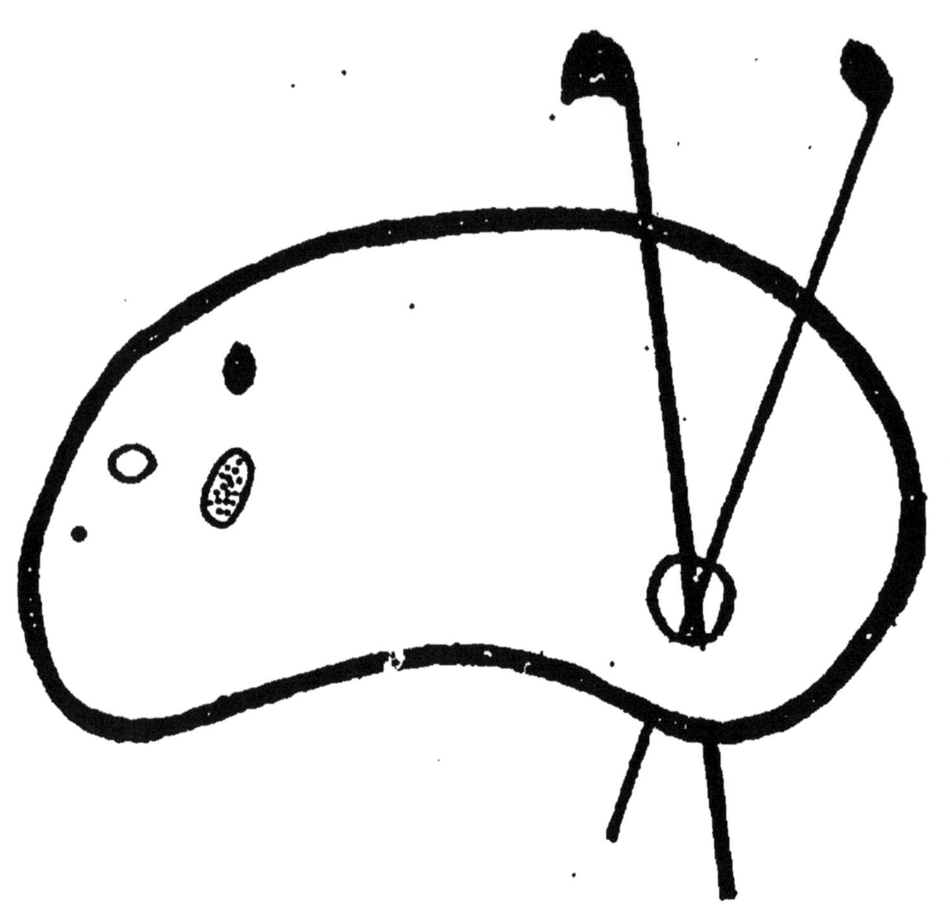

www.ingramcontent.com/pod-product-compliance
Ingram Content Group UK Ltd.
Pitfield, Milton Keynes, MK11 3LW, UK
UKHW020139220726
13923UKWH00001B/259

9 782016 203927